ORBIDAÏE,

OU

Lettres et Mots éminemment propres à constituer

UNE

Langue Universelle.

Les Lettres et les Mots

Français modifiés

Annoncent leur destinée nouvelle.

—◦◦◦—

Des Grecs et des Romains secouons mille fers ;
Chacun nous entendra, nous écrira sans peine ;
Aisés, clairs, nous pouvons parcourir l'Univers :
Nous serons l'unité pour la pensée humaine.
La gloire, les bienfaits, le nom du Roi du Ciel
Seront tracés de même aux yeux de tout mortel.
Tombant de toute bouche avec chaque idiome,
Nous serons un langage universel pour l'homme,
Dont l'antique folie irrita l'Éternel.
Pourrions-nous aujourd'hui croire, sans suffisance,
Que nous sommes un don fait par la Providence
Pour le bonheur de tous ! Du moins, notre désir
Est de créer partout un heureux avenir
Et de réaliser des liens doux, immenses
Entre les nations et les intelligences.

(C.)

ORBIDAIE,

ou

LETTRES ET MOTS

éminemment propres à constituer

UNE LANGUE UNIVERSELLE.

L'Orbid'ie est précédée

des Éléments de la Grammaire française,
des Notions générales de la Géographie, de la Numération
et du Système Métrique, etc., etc.,
que comprend cet Ouvrage.

PAR

J. Bazin, M. & D.

LYON,

SE TROUVE CHEZ L'AUTEUR,

Rue de l'Annonciade, 20,

ET CHEZ LES PRINCIPAUX LIBRAIRES.

—

1844.

LYON. — IMPRIMERIE de C. REY Jeune et Cⁱᵉ,
Place St-Jean, 6.

Préface.

Les lettres et la prononciation rendent, en gé
néral, toutes les langues difficiles et rebutantes.

Jusqu'ici, aucune nation n'a cherché à dégager
son idiome d'une foule de difficultés qu'il serait si
aisé de faire disparaître. On a négligé, et l'on négligera sans doute encore longtemps, de simplifier
les mots et d'en faciliter la prononciation. De là,
ce dégoût, cet éloignement pour l'étude des langues, qui sont comme autant de barrières, de
remparts élevés au milieu des peuples. La parole,
dont l'homme est si admirablement doué, serait un
présent inutile de peuple à peuple, si la mémoire
ne lui venait péniblement en aide. Aussi la civili-
sation et la fraternité n'ont pu encore se propager,
s'étendre sur tous les points du globe, où, depuis
longtemps, les humains devraient tous se considérer comme frères, ainsi que le prescrit l'Evangile.
Ce code divin, s'il était connu et prêché dans une
seule et même langue, aurait moins d'obstacles à
surmonter pour répandre sur les générations sa
lumière et ses bienfaits.

Considérant qu'il ne fallait rien moins qu'un

idiome universel pour rendre communs à toutes
les nations les biens moraux et physiques que la
nature attacha à l'humanité, nous avons essayé de
créer, ou plutôt de construire une *Langue universelle* sur l'idiome français, lequel nous a paru le
plus propre à cet effet.

Nous avons senti qu'une langue, pour qu'elle
devînt universelle, devait être la plus aisée du
monde, et en même temps susceptible d'engager
toutes les nations à lui faire partager l'étude de
leurs idiomes.

L'*Orbidaïe* nous semble réunir ces conditions;
c'est ce qui nous détermine à la faire connaître à
nos semblables. Nous la présentons avec d'autant
plus de confiance, qu'elle nous paraît être l'amélioration de la société. En marchant partout de
pair avec chaque langue maternelle, elle deviendra
un instrument, un moyen de communication réci-
proque pour toutes les individualités humaines.
L'étude en sera facile, et la connaissance rapide :
car elle est composée de mots qui démontrent ingé-
nieusement leur nature, leur fonction et la valeur
de leurs lettres.

Les lettres *orbidaïques* se jouent de tout ce qu'il
y a de difficile, d'exceptionnel dans les mots français ; aussi les exceptions, les bizarreries, les ca-
prices des lettres ou des mots français, qui sont le
principe de l'*Orbidaïe*, ne présentent plus aucune
difficulté ; tout s'éclaircit, tout se dédifficulte sous

les lettres *orbidaïques*, dont la forme et la valeur frappent d'étonnement et piquent la curiosité. Leurs *appendices*, surtout, qui se font voir à droite ou à gauche pour indiquer le son ou le silence des lettres, ne laissent rien à désirer, et peuvent être d'une grande utilité pour toutes les langues.

L'*Orbidaïe* réunit tant d'avantages, sous plusieurs rapports, qu'elle mérite d'être accueillie par tout ce qui porte raison et intelligence.

En effet, si l'on est de bonne foi, et que l'on prenne la peine de lire sans prévention, on sera forcé d'avouer que l'on ne vit jamais surgir entreprise plus digne de l'attention et de l'intérêt des hommes. On nous saura gré, nous aimons à le penser, d'avoir conçu le projet de nous rendre utile au genre humain sous les rapports de son négoce, de son industrie, en un mot, de ses relations en tout genre.

Les humains, enfin, ne seront plus étrangers les uns à l'égard des autres ; leurs oreilles ne seront pas vainement frappées ; ils s'entendront tous uniformément ; ils feront agréablement l'échange de leurs sentiments, de leurs pensées et de toute chose, sous l'heureuse influence des lois divines et humaines. Leur esprit, moins distrait par le corps ou l'expression de ses idées, grandira, s'élèvera, deviendra plus logique, parce qu'il pourra se livrer tout entier à ses nobles conceptions.

L'*Orbidaïe*, réduisant à peu près de moitié le

temps, l'espace et les frais, est toute d'intérêt et d'utilité pour le commerce, les arts et les sciences. Grâce à son apparition, le monde entier sera comme une seule et même contrée, où l'on pourra parler deux idiomes, l'un *universel*, et l'autre *national* : c'est là le moyen de généraliser la bienveillance et la fraternité, la justice et la vertu, la paix et le bonheur sur la terre.

On pense bien, sans doute, qu'il n'aurait pas été possible de composer l'ouvrage que nous publions aujourd'hui sans puiser à beaucoup de sources, sans tirer des meilleurs auteurs ce qui a spécialement trait à l'instruction.

L'*Orbidaïe* est le livre du jeune âge, parce que tout y est facile, clair et ami de la mémoire ; elle est aussi le livre de l'âge mûr, du savant, parce qu'il est digne de son attention sous plusieurs points de vue, parce qu'il est d'une portée immense : car il est dédié à toutes les nations.

ÉLÉMENTS

DE LA

GRAMMAIRE FRANÇAISE.

INTRODUCTION.

La Grammaire est l'art de parler et d'écrire correctement. Pour parler et pour écrire on se sert de mots. Les mots sont composés de lettres.

Il y a deux sortes de lettres : les *voyelles* et les *consonnes*.

Les voyelles sont : *e, i, y, a, o, u.* Elles sont ainsi appelées, parce que, seules, elles forment une voix, un son.

Les consonnes sont : *b, c, d, f, g, h, j, k, l, m, n, p, q, r, s, t, v, x, z.* Elles sont ainsi nommées, parce qu'elles ne peuvent exprimer un son qu'avec le secours des voyelles.

Il y a six sortes d'*e :* l'*e* sourd, l'*è* ouvert, l'*é* fermé, l'*es* demi-fermé, l'*et* douteux, l'*e* muet.

L'*e* sourd, dont le son est peu sensible, comme dans *le, de, me.*

L'*è* ouvert, qu'on prononce la bouche ouverte : *succès, j'appelle.*

1

L'*é* fermé se prononce la bouche presque fermée, comme dans *bonté, rocher, aimer.*

L'*es* demi-fermé, comme dans *les, des, mes,* etc.

L'*et* douteux, dont le nom se nuance entre l'ouvert et le fermé, comme dans *projet, complet, descendre,* etc.

L'*e* muet, comme dans *j'emploie, joie, vue,* etc.

Les muettisants sont : *eu, œu, ein, im, in, aim, ain, ei, ai, eau, au, em, en, am, an, oi, ou, om, on, um, un.*

Il y a des voyelles qui sont longues; on appuie long-temps en les prononçant : *e* est long dans *tête, fête; eu* est long dans *jeûne; i* est long dans *épître; a* est long dans *pâte; u* est long dans *flûte.*

L'*y* grec s'emploie tantôt pour un *i,* comme *j'y pensais, il y a longtemps,* et tantôt pour deux *i : pays, moyen;* prononcez *pai-is, moi-ien.*

Une ou plusieurs lettres, prononcées par une seule émission de voix, forment une syllabe : ainsi, *mon* n'a qu'une syllabe; *âme* en a deux; *grammaire* en a trois.

La syllabe qui fait entendre deux sons distincts prononcés en une seule émission de voix, prend le nom de *diphtongue;* telles sont les syllabes *ia, ié, oi, ui,* etc.; *diacre, pied, loi, lui.*

Un mot d'une syllabe s'appelle *monosyllabe : vous, dans, sans; dissyllabe,* celui qui en a deux : *café, ami; trissyllabe,* celui qui en a trois : *jugement, prétendre,* et *polissyllabe,* celui qui en a plusieurs, quel qu'en soit le nombre : *plume, vigilant, adversité, générosité.*

Il y a dans la langue française onze espèces différentes de mots qui composent le discours; ce sont : l'*article,* le *nom,* l'*adjectif,* le *pronom,* le *verbe,* le *passé,* le *participe,* le *proadjectif,* l'*adverbe,* le *conductif* et l'*interjection.*

Ces différentes sortes de mots se divisent en mots variables et en mots invariables. L'*article,* le *nom,* l'*adjectif,* le *pronom,* le *verbe,* le *proadjectif* et plusieurs *conductifs* sont des mots dont la terminaison varie; ce sont les mots variables. L'*adverbe* et plusieurs *conductifs* sont des mots dont la terminaison ne change jamais; ce sont les mots invariables.

CHAPITRE PREMIER.

DES MOTS VARIABLES.

De l'Article.

L'ARTICLE est un petit mot que l'on met devant les noms communs pour leur donner une signification déterminée, et pour en faire connaître le genre et le nombre.

Il n'y a qu'un article, *le*, pour le masculin singulier, *la*, pour le féminin singulier, *les*, pour le pluriel des deux genres : le *père*, la *mère;* les *pères*, les *mères.*

L' ne se met que devant un mot qui commence par une voyelle ou par une *h* muette : l'*âme*, l'*histoire.*

Le GENRE distingue les sexes. Il y a conséquemment deux genres : le masculin, pour les noms d'êtres mâles, comme *homme*, *lion;* et le féminin, pour les noms d'êtres femelles, comme *femme*, *lionne.*

Les êtres inanimés sexalisés ont aussi l'un et l'autre genre : le *soleil*, la *ville.*

Il y a deux nombres, le singulier et le pluriel : le singulier désigne un seul être, un seul objet, comme un *livre*, un *enfant*, et le pluriel en désigne plusieurs, comme des *livres*, des *enfants.*

La fonction de l'article est de précéder les noms com-

muns, pour annoncer qu'ils sont employés dans un sens
déterminé.

Il ne doit donc pas être employé dans ces locutions :
*faire grâce, faire réponse, demander conseil, mettre
en mer, être en santé*, parce que le nom exprime,
avec le verbe ou le conductif qui précède, une seule et
même idée. Ces locutions signifient *pardonner, répondre, consulter, embarquer*, se *porter bien*.

CHAPITRE II.

Du Nom ou Substantif.

Le NOM représente une personne ou une chose,
comme *enfant, livre*. Il a été inventé pour exprimer
les êtres ou les objets qui existent dans la nature ou
dans notre imagination.

Il y a deux sortes de noms : le nom *commun* et le
nom *propre*.

Le nom *commun* convient à tous les objets d'une
même espèce, comme *homme, maison, table*.

Le nom *propre* ne peut convenir qu'à une seule personne ou à une seule chose : *Cicéron*, la *Seine*.

Un nom qui, quoique au singulier, présente à l'esprit l'idée de plusieurs objets réunis ensemble, s'appelle *collectif;* tels sont *forêt, peuple, armée*.

Les collectifs sont généraux ou partitifs : généraux,
quand ils renferment l'idée d'un tout, comme *forêt,
peuple, armée;* et partitifs, lorsqu'ils représentent une
collection partielle, comme *la plupart de, une troupe
de, une quantité de*, etc.

Un nom commun composé de plusieurs mots, comme
chef-d'œuvre, serre-tête, se nomme *nom composé*.

Les noms sont du genre masculin ou du genre féminin, comme un *lion*, une *lionne*; le *soleil*, la *lune*.

On forme le pluriel des noms en ajoutant un *s* au
singulier : un *homme*, des *hommes*; la *plume*, les
plumes.

Le même mot peut être collectif général et collectif
partitif, selon le sens qu'on y attache. En général, un
collectif, quand il est précédé de *un*, *une*, est partitif :
une troupe de soldats. La *foule des humains est vouée
au malheur : la foule* est un collectif général.

CHAPITRE III.

—❖—

De l'Adjectif.

L'ADJECTIF exprime les qualités du nom. Quand je
dis : *général habile, enfant respectueux*, les mots *habile, respectueux*, expriment les qualités des noms *général, enfant*.

Les adjectifs ont les deux genres, masculin et féminin. Cette différence des genres se marque ordinairement par la dernière lettre, comme *prudent, prudente,
poli, polie, malin, maligne*. Ils doivent être du même
nombre que le nom auquel ils se rapportent : le *bon
père*, la *bonne mère*; les *bons pères*, les *bonnes mères*.

L'adjectif composé de plusieurs mots, comme *mort-
ivre, nouveau-né*, se nomme *adjectif composé*.

DES ADJECTIFS DÉMONSTRATIFS.

Ils déterminent la signification du nom en l'indiquant;
ces adjectifs sont : *ce, cette, cet*, comme *ce livre, cette
femme; ces hommes, cet homme. Cet* ne se met que
devant un mot qui commence par une voyelle.

DES ADJECTIFS POSSESSIFS.

Ils déterminent la signification du nom en indiquant la possession. Ces adjectifs sont : *mon, ma, mes ; ton, ta, tes ; son, sa, ses ; notre, votre, nos ; leur, leurs.*

Mon, ton, son sont invariables ; ils s'emploient au lieu de *ma, ta, sa*, devant un nom féminin commençant par une voyelle : *mon âme, ton humeur, son épée.* C'est l'oreille qui l'exige.

CHAPITRE IV.

Du Pronom.

Le PRONOM tient la place du nom, pour en rappeler l'idée, et pour en épargner la répétition.

Il y a cinq sortes de pronoms : les pronoms *personnels*, les pronoms *démonstratifs*, les pronoms *possessifs*, les pronoms *relatifs* et les pronoms *indéfinis.*

Les pronoms personnels, qui désignent les trois personnes, sont : *je, j', me, m', nous*, pour la première personne ; *tu, te, t', toi, vous*, pour la seconde personne ; *il, elle, lui, eux ; le, l', la, les, leur, se, s', soi, en, y*, pour la troisième personne.

Les pronoms démonstratifs, qui servent à donner une idée d'indication, sont : *ce, c', cette, cet ; celui, ceux, celle, celles ; celui-ci, ceux-ci, celle-ci, celles-ci, celui-là, ceux-là, celle-là, celles-là ; ceci, cela.*

Les pronoms possessifs, qui servent à donner une idée d'indication, sont : *le mien, la mienne ; le tien, la tienne ; le sien, la sienne ; le nôtre, la nôtre ; le vôtre, la vôtre ; le leur, la leur.*

Les pronoms relatifs, qui ont un rapport à un nom ou

à un pronom qui précède, sont : *qui, que, dont, quoi,
lequel, laquelle, lesquels, lesquelles*.

Les pronoms indéfinis, qui désignent d'une manière
générale les personnes ou les choses, sont : *on, qui-
conque, quelqu'un, chacun, autrui, l'un, l'autre, l'un
et l'autre, personne, rien*.

CHAPITRE V.

Du Verbe.

Le VERBE est un mot qui indique un état, une action
attribuée à un sujet qui représente une personne ou
une chose.

Il y a dans les verbes trois personnes. Les pronoms
je, nous, marquent la première personne, celle *qui*
parle ; *tu, vous*, marquent la seconde personne, celle *à
qui* l'on parle ; *il, elle*, ou un nom quelconque, marquent
la troisième personne, celle *de qui* l'on parle.

Il y a dans les verbes deux nombres : le *singulier* et
le *pluriel*. Il y a trois temps : le *présent*, le *passé* et le
futur. Il y a cinq modes ou manières de signifier dans
les verbes : l'*indicatif*, le *conditionnel*, l'*impératif*, le
subjonctif et l'*infinitif*. Le pronom ou le nom placé
avant le verbe est ce qu'on appelle le *sujet*. Le pronom
ou le nom placé après le verbe en est le *complément*.
Écrire ou réciter un verbe avec toutes ses inflexions de
modes, de temps, de nombres et de personnes, c'est
ce qu'on appelle le *conjuguer*.

Il y a quatre conjugaisons, ou classes de verbes, que
l'on distingue entre elles par les terminaisons du présent de l'infinitif.

La première conjugaison a le présent de l'infinitif terminé en *er*, comme *aimer* ; la deuxième en *ir*, comme

finir; la troisième en *oir,* comme *recevoir;* la quatrième en *re,* comme *rendre.*

Il y a deux verbes que l'on nomme *auxiliaires,* parce
qu'ils aident à conjuguer tous les autres. Nous com-
mencerons par ces deux verbes.

VERBE AUXILIAIRE **AVOIR.**

INDICATIF.	PASSÉ ANTÉRIEUR.
PRÉSENT.	
J'ai.	J'eus eu.
Tu as.	Tu eus eu.
Il a.	Il eut eu.
Nous avons.	Nous eûmes eu.
Vous avez.	Vous eûtes eu.
Ils ont.	Ils eurent eu.
IMPARFAIT.	**PLUS-QUE-PARFAIT.**
J'avais.	J'avais eu.
Tu avais.	Tu avais eu.
Il avait.	Il avait eu.
Nous avions.	Nous avions eu.
Vous aviez.	Vous aviez eu.
Ils avaient.	Ils avaient eu.
PASSÉ DÉFINI.	**FUTUR.**
J'eus.	J'aurai.
Tu eus.	Tu auras.
Il eut.	Il aura.
Nous eûmes.	Nous aurons.
Vous eûtes.	Vous aurez.
Ils eurent.	Ils auront.
PASSÉ INDÉFINI.	**FUTUR ANTÉRIEUR.**
J'ai eu.	J'aurai eu.
Tu as eu.	Tu auras eu.
Il a eu.	Il aura eu.
Nous avons eu.	Nous aurons eu.
Vous avez eu.	Vous aurez eu.
Ils ont eu.	Ils auront eu.

CONDITIONNEL.

PRÉSENT.

J'aurais.
Tu aurais.
Il aurait.
Nous aurions.
Vous auriez.
Ils auraient.

PASSÉ.

J'aurais eu.
Tu aurais eu.
Il aurait eu.
Nous aurions eu.
Vous auriez eu.
Ils auraient eu.
On dit aussi : *J'eusse eu, tu eusses
eu, il eût eu, nous eussions eu,
vous eussiez eu, ils eussent eu.*

IMPÉRATIF.

(Point de première personne du
singulier, ni de troisième pour les
deux nombres.)

Aie.
Ayons.
Ayez.

SUBJONCTIF.

PRÉSENT OU FUTUR.

Que j'aie.
Que tu aies.
Qu'il ait.
Que nous ayons.
Que vous ayez.
Qu'ils aient.

IMPARFAIT.

Que j'eusse.
Que tu eusses.
Qu'il eût.
Que nous eussions.
Que vous eussiez.
Qu'ils eussent.

PASSÉ.

Que j'aie eu.
Que tu aies eu.
Qu'il ait eu.
Que nous ayons eu.
Que vous ayez eu.
Qu'ils aient eu.

PLUS-QUE-PARFAIT.

Que j'eusse eu.
Que tu eusses eu.
Qu'il eût eu.
Que nous eussions eu.
Que vous eussiez eu.
Qu'ils eussent eu.

INFINITIF.

Présent.	Avoir.
Passé.	Avoir eu.

PARTICIPE.

Présent.	Ayant.
Passé.	Ayant eu.
Proadjectif.	Eu, eue.

VERBE AUXILIAIRE **ÊTRE.**

INDICATIF.

PRÉSENT.

Je suis.
Tu es.
Il est.
Nous sommes.
Vous êtes.
Ils sont.

IMPARFAIT.

J'étais.
Tu étais.
Il était.
Nous étions.
Vous étiez.
Ils étaient.

PASSÉ DÉFINI.

Je fus.
Tu fus.
Il fut.
Nous fûmes.
Vous fûtes.
Ils furent.

PASSÉ INDÉFINI.

J'ai été.
Tu as été.
Il a été.
Nous avons été.
Vous avez été.
Ils ont été.

PASSÉ ANTÉRIEUR.

J'eus été.
Tu eus été.
Il eut été.
Nous cûmes été.
Vous eûtes été.
Ils eurent été.

PLUS-QUE-PARFAIT.

J'avais été.
Tu avais été.
Il avait été.
Nous avions été.
Vous aviez été.
Ils avaient été.

FUTUR.

Je serai.
Tu seras.
Il sera.
Nous serons.
Vous serez.
Ils seront.

FUTUR ANTÉRIEUR.

J'aurai été.
Tu auras été.
Il aura été.
Nous aurons été.
Vous aurez été.
Ils auront été.

CONDITIONNEL.
PRÉSENT.

Je serais.
Tu serais.
Il serait.
Nous serions.
Vous seriez.
Ils seraient.

PASSÉ.

J'aurais été.
Tu aurais été.
Il aurait été.
Nous aurions é
Vous auriez é...
Ils auraient été.

On dit aussi : *J'eusse été, tu eusses été, il eût été, nous eussions été, vous eussiez été, ils eussent été.*

IMPÉRATIF.

(Point de première personne du singulier, ni de troisième pour les deux nombres.)

Sois.
Soyons.
Soyez.

SUBJONCTIF.
PRÉSENT OU FUTUR.

Que je sois.
Que tu sois.
Qu'il soit.
Que nous soyons.
Que vous soyez.
Qu'ils soient.

IMPARFAIT.

Que je fusse.

Que tu fusses.
Qu'il fût.
Que nous fussions.
Que vous fussiez.
Qu'ils fussent.

PASSÉ.

Que j'aie été.
Que tu aies été.
Qu'il ait été.
Que nous ayons été.
Que vous ayez été.
Qu'ils aient été.

PLUS-QUE-PARFAIT.

Que j'eusse été.

Que tu eusses été.
Qu'il eût été.
Que nous eussions été.
Que vous eussiez été.
Qu'ils eussent été.

INFINITIF.

PRÉSENT.	Être.
PASSÉ.	Avoir été.

PARTICIPE.

PRÉSENT.	Étant.
PASSÉ.	Ayant été.

PREMIÈRE CONJUGAISON, EN **ER.**

INDICATIF.

PRÉSENT.

J'aime.
Tu aimes.
Il aime.
Nous aimons.
Vous aimez.
Ils aiment.

IMPARFAIT.

J'aimais.
Tu aimais.
Il aimait.
Nous aimions.
Vous aimiez.
Ils aimaient.

PASSÉ DÉFINI.

J'aimai.
Tu aimas.
Il aima.
Nous aimâmes.
Vous aimâtes.
Ils aimèrent.

PASSÉ INDÉFINI.

J'ai aimé.
Tu as aimé.
Il a aimé.
Nous avons aimé.
Vous avez aimé.
Ils ont aimé.

PASSÉ ANTÉRIEUR.

J'eus aimé.
Tu eus aimé.
Il eut aimé.
Nous eûmes aimé.
Vous eûtes aimé.
Ils eurent aimé.

PLUS-QUE-PARFAIT.

J'avais aimé.
Tu avais aimé.
Il avait aimé.
Nous avions aimé.
Vous aviez aimé.
Ils avaient aimé.

FUTUR.

J'aimerai.
Tu aimeras.
Il aimera.
Nous aimerons.
Vous aimerez.
Ils aimeront.

FUTUR ANTÉRIEUR.

J'aurai aimé.
Tu auras aimé.
Il aura aimé.
Nous aurons aimé.
Vous aurez aimé.
Ils auront aimé.

CONDITIONNEL.

PRÉSENT.

J'aimerais.
Tu aimerais.
Il aimerait.
Nous aimerions.
Vous aimeriez.
Ils aimeraient.

PASSÉ.

J'aurais aimé.
Tu aurais aimé.
Il aurait aimé.
Nous aurions aimé.
Vous auriez aimé.
Ils auraient aimé.
On dit aussi : *J'eusse aimé, tu eusses aimé, il eût aimé, nous eussions aimé, vous eussiez aimé, ils eussent aimé.*

IMPÉRATIF.

(Point de première personne du singulier, ni de troisième pour les deux nombres.)
Aime.
Aimons.
Aimez.

SUBJONCTIF.

PRÉSENT OU FUTUR.

Que j'aime.
Que tu aimes.
Qu'il aime.
Que nous aimions.
Que vous aimiez.
Qu'ils aiment.

IMPARFAIT.

Que j'aimasse.
Que tu aimasses.
Qu'il aimât.
Que nous aimassions.
Que vous aimassiez.
Qu'ils aimassent.

PASSÉ.

Que j'aie aimé.
Que tu aies aimé.
Qu'il ait aimé.
Que nous ayons aimé.
Que vous ayez aimé.
Qu'ils aient aimé.

PLUS-QUE-PARFAIT.

Que j'eusse aimé.
Que tu eusses aimé.
Qu'il eût aimé.
Que nous eussions aimé.
Que vous eussiez aimé.
Qu'ils eussent aimé.

INFINITIF.

PRÉSENT.	Aimer.
PASSÉ.	Avoir aimé.

PARTICIPE.

PRÉSENT.	Aimant.
PASSÉ.	Ayant aimé.
PROADJECTIF.	Aimé, aimée.

DEUXIÈME CONJUGAISON, EN **IR.**

INDICATIF.

PRÉSENT.

Je finis.
Tu finis.
Il finit.
Nous finissons.
Vous finissez.
Ils finissent.

IMPARFAIT.

Je finissais.
Tu finissais.
Il finissait.
Nous finissions.
Vous finissiez.
Ils finissaient.

PASSÉ DÉFINI.

Je finis.
Tu finis.
Il finit.
Nous finîmes.
Vous finîtes.
Ils finirent.

PASSÉ INDÉFINI.

J'ai fini.
Tu as fini.
Il a fini.
Nous avons fini.
Vous avez fini.
Ils ont fini.

PASSÉ ANTÉRIEUR.

J'eus fini.
Tu eus fini.
Il eut fini.
Nous eûmes fini.
Vous eûtes fini.
Ils eurent fini.

PLUS-QUE-PARFAIT.

J'avais fini.
Tu avais fini.
Il avait fini.
Nous avions fini.
Vous aviez fini.
Ils avaient fini.

FUTUR.

Je finirai.
Tu finiras.
Il finira.
Nous finirons.
Vous finirez.
Ils finiront.

FUTUR ANTÉRIEUR.

J'aurai fini.
Tu auras fini.
Il aura fini.
Nous aurons fini.
Vous aurez fini.
Ils auront fini.

CONDITIONNEL.

PRÉSENT.

Je finirais.
Tu finirais.
Il finirait.
Nous finirions.
Vous finiriez.
Ils finiraient.

PASSÉ.

J'aurais fini.
Tu aurais fini.
Il aurait fini.
Nous aurions fini.
Vous auriez fini.
Ils auraient fini.

On dit aussi : *J'eusse fini, tu eusses fini, il eût fini, nous eussions fini, vous eussiez fini, ils eussent fini.*

IMPÉRATIF.

(Point de première personne du singulier, ni de troisième pour les deux nombres.)

Finis.
Finissons.
Finissez.

SUBJONCTIF.

PRÉSENT OU FUTUR.

Que je finisse.
Que tu finisses.
Qu'il finisse.
Que nous finissions.
Que vous finissiez.
Qu'ils finissent.

IMPARFAIT.

Que je finisse.
Que tu finisses.
Qu'il finît.
Que nous finissions.
Que vous finissiez.
Qu'ils finissent.

PASSÉ.

Que j'aie fini.
Que tu aies fini.
Qu'il ait fini.
Que nous ayons fini.
Que vous ayez fini.
Qu'ils aient fini.

PLUS-QUE-PARFAIT.

Que j'eusse fini.
Que tu eusses fini.
Qu'il eût fini.
Que nous eussions fini.
Que vous eussiez fini.
Qu'ils eussent fini.

INFINITIF.

PRÉSENT.	Finir.
PASSÉ.	Avoir fini.

PARTICIPE.

PRÉSENT.	Finissant.
PASSÉ.	Ayant fini.
PROADJECTIF.	Fini, finie.

TROISIÈME CONJUGAISON, EN **OIR**.

INDICATIF.
PRÉSENT.

Je reçois.
Tu reçois.
Il reçoit.
Nous recevons.
Vous recevez.
Ils reçoivent.

IMPARFAIT.

Je recevais.
Tu recevais.
Il recevait.
Nous recevions.
Vous receviez.
Ils recevaient.

PASSÉ DÉFINI.

Je reçus.
Tu reçus.
Il reçut.
Nous reçûmes.
Vous reçûtes.
Ils reçurent.

PASSÉ INDÉFINI.

J'ai reçu.
Tu as reçu.
Il a reçu.
Nous avons reçu.
Vous avez reçu.
Ils ont reçu.

PASSÉ ANTÉRIEUR.

J'eus reçu.
Tu eus reçu.
Il eut reçu.
Nous eûmes reçu.
Vous eûtes reçu.
Ils eurent reçu.

PLUS-QUE-PARFAIT.

J'avais reçu.
Tu avais reçu.
Il avait reçu.
Nous avions reçu.
Vous aviez reçu.
Ils avaient reçu.

FUTUR.

Je recevrai.
Tu recevras.
Il recevra.
Nous recevrons.
Vous recevrez.
Ils recevront.

FUTUR ANTÉRIEUR.

J'aurai reçu.
Tu auras reçu.
Il aura reçu.
Nous aurons reçu.
Vous aurez reçu.
Ils auront reçu.

CONDITIONNEL.

PRÉSENT.

Je recevrais.
Tu recevrais.
Il recevrait.
Nous recevrions.
Vous recevriez.
Ils recevraient.

PASSÉ.

J'aurais reçu.
Tu aurais reçu.
Il aurait reçu.
Nous aurions reçu.
Vous auriez reçu.
Ils auraient reçu.

On dit aussi : *J'eusse reçu, tu eusses reçu, il eût reçu, nous eussions reçu, vous eussiez reçu, ils eussent reçu.*

IMPÉRATIF.

(Point de première personne du singulier, ni de troisième pour les deux nombres.)

Reçois.
Recevons.
Recevez.

SUBJONCTIF.

PRÉSENT OU FUTUR.

Que je reçoive.
Que tu reçoives.
Qu'il reçoive.
Que nous recevions.
Que vous receviez.
Qu'ils reçoivent.

IMPARFAIT.

Que je reçusse.
Que tu reçusses.
Qu'il reçût.
Que nous reçussions.
Que vous reçussiez.
Qu'ils reçussent.

PASSÉ.

Que j'aie reçu.
Que tu aies reçu.
Qu'il ait reçu.
Que nous ayons reçu.
Que vous ayez reçu.
Qu'ils aient reçu.

PLUS-QUE-PARFAIT.

Que j'eusse reçu.
Que tu eusses reçu.
Qu'il eût reçu.

Que nous eussions reçu.
Que vous eussiez reçu.
Qu'ils eussent reçu.

INFINITIF.

Présent.	Recevoir.
Passé.	Avoir reçu.

PARTICIPE.

Présent.	Recevant.
Passé.	Ayant reçu.
Proadjectif.	Reçu, reçue.

QUATRIÈME CONJUGAISON, EN **RE.**

INDICATIF.
PRÉSENT.

Je rends.
Tu rends.
Il rend.
Nous rendons.
Vous rendez.
Ils rendent.

IMPARFAIT.

Je rendais.
Tu rendais.
Il rendait.
Nous rendions.
Vous rendiez.
Ils rendaient.

PASSÉ DÉFINI.

Je rendis.
Tu rendis.
Il rendit.
Nous rendîmes.
Vous rendîtes.
Ils rendirent.

PASSÉ INDÉFINI.

J'ai rendu.
Tu as rendu.
Il a rendu.
Nous avons rendu.
Vous avez rendu.
Ils ont rendu.

PASSÉ ANTÉRIEUR.

J'eus rendu.
Tu eus rendu.
Il eut rendu.
Nous eûmes rendu.
Vous eûtes rendu.
Ils eurent rendu.

PLUS-QUE-PARFAIT.

J'avais rendu.
Tu avais rendu.
Il avait rendu.
Nous avions rendu.
Vous aviez rendu.
Ils avaient rendu.

FUTUR.

Je rendrai.
Tu rendras.
Il rendra.
Nous rendrons.
Vous rendrez.
Ils rendront.

FUTUR ANTÉRIEUR.

J'aurai rendu.
Tu auras rendu.
Il aura rendu.
Nous aurons rendu.
Vous aurez rendu.
Ils auront rendu.

CONDITIONNEL.

PRÉSENT.

Je rendrais.
Tu rendrais.
Il rendrait.
Nous rendrions.
Vous rendriez.
Ils rendraient.

PASSÉ.

J'aurais rendu.
Tu aurais rendu.
Il aurait rendu.
Nous aurions rendu.
Vous auriez rendu.
Ils auraient rendu.

On dit aussi : *J'eusse rendu, tu eusses rendu, il eût rendu, nous eussions rendu, vous eussiez rendu, ils eussent rendu.*

IMPÉRATIF.

(Point de première personne au singulier, ni de troisième pour les deux nombres.)

Rends.
Rendons.
Rendez.

SUBJONCTIF.

PRÉSENT OU FUTUR.

Que je rende.
Que tu rendes.
Qu'il rende.
Que nous rendions.
Que vous rendiez.
Qu'ils rendent.

IMPARFAIT.

Que je rendisse.
Que tu rendisses.
Qu'il rendît.
Que nous rendissions.
Que vous rendissiez.
Qu'ils rendissent.

PASSÉ.

Que j'aie rendu.
Que tu aies rendu.
Qu'il ait rendu.
Que nous ayons rendu.
Que vous ayez rendu.
Qu'ils aient rendu.

PLUS-QUE-PARFAIT.

Que j'eusse rendu.
Que tu eusses rendu.
Qu'il eût rendu.
Que nous eussions rendu.
Que vous eussiez rendu.
Qu'ils eussent rendu.

INFINITIF.

PRÉSENT.   Rendre.

PASSÉ.   Avoir rendu.

PARTICIPE.

PRÉSENT.   Rendant.

PASSÉ.   Ayant rendu.

PROADJECTIF.

Rendu, rendue.

2

CHAPITRE VI.

DES
MOTS INVARIABLES ET VARIABLES.

Du Passé.

Le *passé* est un mot invariable. Il est nommé *passé* parce qu'il exprime toujours un temps passé : *j'ai* AIMÉ, *j'avais* AIMÉ, *j'aurais* AIMÉ, *que j'eusse* AIMÉ , etc.

Du Participe.

Le *participe* est un mot invariable qui tient de la nature du verbe, en ce qu'il en a la signification et le complément : *des enfants* AIMANT *l'étude; un coq* AYANT TROUVÉ *une perle.*

Du Proadjectif.

Le *proadjectif* est un mot variable qui tient de la nature de l'adjectif, en ce qu'il qualifie le mot auquel il se rapporte : *un homme* AIMANT ; *une femme* OBLIGEANTE ; *une mère* CHÉRIE ; *il a été* PUNI ; *ils ont été* PUNIS.

Le *proadjectif* s'accorde toujours avec le *complément*, quand ce complément est avant le proadjectif : *la lettre que vous avez* ÉCRITE, *je l'ai* LUE ; *les livres que j'avais* PRÊTÉS, *on les a* RENDUS ; *quelle affaire avez-vous* ENTREPRISE? *combien d'ennemis n'a-t-il pas* VAINCUS? *quand la race de Caïn se fut* MULTIPLIÉE.

On voit que le complément mis avant le proadjectif est ordinairement pronom : *que, me, te, se, le, la, les, nous, vous, quel, quelle.* Quand le complément est placé après le verbe, le proadjectif devient passé, c'est-à-dire mot invariable : *j'ai* ÉCRIT *une lettre, j'ai* ÉCRIT *des l ettres; vous avez* ACHETÉ *un livre, vous avez* ACHETÉ *des livres.*

Le *proadjectif* se distingue du *passé,* en ce qu'il est sous l'influence du sujet ou d'un complément mis avant le proadjectif.

CHAPITRE VII.

DES MOTS INVARIABLES.

De l'Adverbe.

L'*adverbe* est un mot invariable qui modifie, ou un verbe : *il parle* ÉLOQUEMMENT ; ou un adjectif : *il est* TRÈS *éloquent;* ou un autre adverbe : *il parle* BIEN *éloquemment.*

L'adverbe a toujours un sens complet par lui-même; il équivaut à un *conductif* accompagné de son *conductivé : vivre* TRANQUILLEMENT ; *être* TROP *riche;* c'est-à-dire, *vivre avec tranquillité, être riche avec excès.* Voilà pourquoi l'adverbe n'a pas de conductif.

Il faut pourtant en excepter quelques adverbes, qui, comme *conformément, antérieurement,* etc., conservent le conductif de l'adjectif dont ils sont formés : CONFORMÉMENT *à la loi,* ANTÉRIEUREMENT *au déluge.*

Certains adjectifs sont quelquefois employés comme adverbes ; on dit : *frapper* FERME, *parler* HAUT ; c'est-à-dire, *frapper fermement, parler hautement.*

Il y a des adverbes qui marquent l'ordre, comme *premièrement, secondement, d'abord, ensuite, auparavant.*

Il y a des adverbes qui marquent le lieu, comme *où, ici, là, deçà, au-delà, dessus, partout, auprès, loin.*

Il y a des adverbes de temps, comme *hier, autrefois, bientôt, souvent, toujours, jamais.*

Un assemblage de mots qui servent à modifier ou un verbe, ou un adjectif, ou un adverbe, se nomme *locution adverbiale;* tels sont : *à jamais, à la fin, à présent, longtemps, sans cesse, à dessein, en général, en arrière, au hasard, de nouveau, tour-à-tour, tout-à-coup,* etc.

CHAPITRE VIII.

Du Conductif.

Le *conductif* est ainsi nommé parce qu'il lie et qu'il conduit à un autre mot pour perfectionner le sens.

Les conductifs n'ont par eux-mêmes qu'un sens incomplet ; le mot qui en complète le sens se nomme *conductivé;* ainsi, dans *aller à Rome, parler de ses amis, travailler pour eux,* les mots *Rome, ses amis, eux,* sont les conductivés de *à, de, pour.*

Les conductifs les plus usités sont : *à, après, attendu, avant, avec, chez, contre, dans, de, depuis, derrière, devant, durant, en, entre, envers, hormis, hors, moyennant, nonobstant, sur, touchant, vers, vis-à-vis, ainsi, car, cependant, comme, donc, enfin, et, lorsque, mais, néanmoins, ni, or, pourtant, quand, quoique, si, sinon, que.*

Un assemblage de mots qui font la fonction d'un conductif, se nomme *locution conductive;* tels sont : *à l'égard de, en faveur de, à la réserve de, quant à, jusqu'à, du reste, au surplus, par conséquent, ainsi que,* etc.

Il y a des conductifs qui se nomment *subjonctives,* parce qu'ils indiquent le subjonctif. Voici les subjonctives : *soit que, sans que, si ce n'est que, quoique, jusqu'à ce que, encore que, à moins que, pourvu que, supposé que, avant que, non pas que, afin que, de crainte que, de peur que,* et en général quand on marque quelque doute, ou quelque souhait, comme *je doute* QUE *cet enfant soit jamais savant.*

CHAPITRE IX.

De l'Interjection.

L'*interjection* est un mot invariable qui sert à exprimer les affections vives et subites de l'âme. Les principales interjections sont :

Ha ! pour marquer la surprise.

Ah! Aie! Hélas! pour marquer la douleur.

Oh! Ah! pour marquer l'admiration.

Fi! pour marquer l'aversion.

Paix! Chut! pour imposer silence.

Holà ! pour appeler.

Hé bien? pour interroger.

MASFÉNUME.

Le terme *masfénume* signifie l'entière intelligence des onze espèces de mots.

De l'Article.

L'article est simple ou composé. L'article simple : *le, la, les, l'* ; l'article composé : *au, aux, du, des. Au, aux,* pour *à le, à les ; du, des,* pour *de le, de les :* *j'obéis* AU *roi, j'obéis* AUX *rois,* pour *j'obéis à le roi, j'o-béis à les rois ; palais* DU *roi, palais* DES *rois,* pour *palais de le roi, palais de les rois.*

L'article s'emploie avant les noms communs dont la signification est déterminée : LES *hommes sont plutôt faibles que méchants ;* LA *ville de Rome a été fondée 753 ans avant Jésus-Christ.*

L' virgulé annonce le retranchement d'un *e* ou d'un *a* : L'*argent* pour *le argent,* L'*histoire* pour *la histoire.*

Le, la, les, pronoms, sont toujours joints à un verbe : *je* LE *vois, je* LA *connais, reçois*-LES.

Là, surmonté d'un accent grave, est adverbe dé-monstratif : *demeurez-là et n'approchez pas d'ici ; là haut, là bas ; c'est là une belle action ; celui-ci, ce-lui-là.*

Avant les adverbes *plus, mieux, moins,* on emploie *le, la, les,* pour exprimer une comparaison : *de toutes ces dames, votre sœur était* LA *plus affligée,* c'est-à-dire *la dame plus affligée que les autres.* Au contraire, on emploie simplement *le,* pour marquer une qualité portée au plus haut degré sans aucune idée de compa-raison avec d'autres objets : *votre sœur ne pleure pas lors même qu'elle est* LE *plus affligée,* c'est-à-dire, *af-fligée au plus haut point.* Dans le premier cas, l'ar-ticle s'accorde avec un nom sous-entendu (dame); dans le second, l'article est invariable, parce qu'il forme, avec l'adverbe *plus*, une locution adverbiale, qui modifie le proadjectif (affligé).

Le plus, le mieux, le moins, sont invariables, lorsqu'ils se rapportent à un verbe ou à un adverbe, parce qu'alors il forment une locution adverbiale : *Racine et Boileau sont les poètes qui écrivent* LE MIEUX, *qui s'expriment* LE PLUS *noblement.* Dans cette phrase, *le mieux* se rapporte au verbe *écrivent*, et *le plus*, à l'adverbe *noblement*.

On répète l'article et les pronoms *mon, ton, son*, etc., avant chaque nom : LE *cœur*, L'*esprit*, LES *mœurs, tout gagne à la culture;* LES *officiers et* LES *soldats firent leur devoir;* MON *père et* MA *mère....* On ferait une faute si l'on disait : *les officiers et soldats; mes père et mère.*

On répète encore l'article avant deux adjectifs unis par *et*, lorsqu'ils ne qualifient pas le même nom : LE *vieux et* LE *jeune soldat;* MON *grand et* MON *petit appartement;* c'est comme s'il y avait *mon grand appartement et mon petit appartement.* Il y a deux noms, il doit y avoir deux pronoms; mais je dirai : LE *vieux et brave soldat;* MON *grand et bel appartement*, parce qu'il ne s'agit que d'un seul et même soldat, tout à la fois vieux et brave, et d'un seul et même appartement, qui est en même temps grand et beau.

Du Nom.

Le *nom* représente une personne ou une chose : *encrier, enfant.*

Les noms terminés au singulier par *s* n'ajoutent rien au pluriel : *le fils, les fils; le nez, les nez; la voix, les voix.*

Les noms terminés au singulier par *al* ou *ail* font leur pluriel en *aux* : le *mal*, les *maux;* le *cheval*, les *chevaux;* le *travail*, les *travaux; Aïeul, ciel, œil*, font au pluriel *aïeux, cieux, yeux;* mais *ciel* fait *ciels* dans *ciels de tableaux, ciels de lit, ciels de carrière; œil* fait *œils* dans *œils de bœuf* (petites lucarnes), *les œils de la soupe*, *les œils du fromage.*

Les noms propres, dont on ne doit point dénaturer l'orthographe, s'écrivent au pluriel comme au singulier : *l'Espagne s'honore d'avoir vu naître les deux* SÉNÈQUE; *les deux* CORNEILLE *sont nés à Rouen.*

Cependant on écrit au pluriel *les* CONDÉS, *les* STUARTS, parce que ces noms propres sont employés ici comme des titres, comme des surnoms qui désignent certaines classes d'hommes, certaines familles, plutôt que des individus de ces classes, de ces familles.

Les noms propres deviennent de véritables noms communs, lorsqu'ils désignent des individus semblables à ceux dont on emploie le nom ; alors ils prennent le signe du pluriel : *la France a eu ses* CÉSARS *et ses* POMPÉES, c'est-à-dire, des généraux comme *César* et comme *Pompée.*

Quelquefois les noms propres sont précédés de l'article *les*, quoiqu'ils ne désignent qu'un seul individu : *les* CORNEILLE *et les* RACINE *ont illustré la scène française.*

Quand un nom composé est formé d'un nom et d'un adjectif, ils prennent l'un et l'autre la marque du pluriel : *une basse-taille, des basses-tailles; un plain-chant, des plains-chants.*

De l'Adjectif.

L'adjectif exprime les qualités du nom : *bonne mère, beau livre. Beau, nouveau,* font *bel, nouvel* devant une voyelle : BEL *oiseau,* NOUVEL *appartement;* et *belle, nouvelle* au féminin: BELLE *image,* BELLE *action. Blanc, franc, sec, frais,* font au féminin *blanche, franche, sèche, fraîche. Bref, naïf,* font au féminin *brève, naïve.*

Les adjectifs en *eur* font ordinairement leur féminin en *euse : trompeur, trompeuse; parleur, parleuse; chanteur, chanteuse :* cependant *pécheur* fait *pécheresse; acteur* fait *actrice : bienfaiteur, bienfaitrice.*

Le nom peut être employé comme adjectif : *il était* BERGER, *il devint* ROI. De même l'adjectif peut être employé comme nom : *l'*HYPOCRITE, *l'*UTILE.

Quand un adjectif se rapporte à deux singuliers, on met cet adjectif au pluriel : *le roi et le berger sont* ÉGAUX *après leur mort.* Si les deux noms sont de différents genres, on met l'adjectif au masculin : *mon père et ma mère sont* CONTENTS.

Quant à la place des adjectifs, les uns se mettent avant le nom, comme VASTE *jardin,* GRAND *arbre;* d'autres se mettent après le nom, comme *habit* ROUGE, *table* RONDE. L'usage est le seul guide à cet égard.

NOMS ET ADJECTIFS DE NOMBRE.

Les *noms de nombre* sont ceux dont on se sert pour compter. Il y en a de deux sortes, les noms de nombre *cardinaux,* et les noms de nombre *ordinaux.* Les noms de nombre cardinaux sont : *un, deux, trois, quatre,* etc.

Les noms de nombre ordinaux se forment des cardinaux ; ces noms sont : *premier, second* ou *deuxième, troisième, quatrième.*

Il y a encore des noms de nombre qui marquent une certaine quantité, comme *une dizaine, une douzaine.*

Il y en a d'autres qui marquent les parties d'un tout : *la moitié, le tiers, le quart.*

Enfin, il y en a qui servent à multiplier, comme *le double, le triple.*

Vingt et *cent* sont les seuls adjectifs numéraux cardinaux susceptibles de prendre la marque du pluriel, lorsqu'ils sont multipliés par un autre nombre : *quatre-*VINGTS *soldats, trois* CENTS *chevaux.*

Cependant *vingt* et *cent* rejettent la marque du pluriel, quand ils sont suivis d'un autre nombre : *quatre-*VINGT-*cinq soldats.*

Mille s'écrit de trois manières : *mil.* dans la supputation des années : *l'Amérique a été découverte en l'an* MIL-*quatre-cent quatre-vingt-douze; mille.* pour exprimer le nombre dix fois cent : *nos troupes firent cinq* MILLE *prisonniers.* Dans ces deux cas, il rejette toujours la marque du pluriel. *Mille,* avec un *s* au pluriel, pour représenter une mesure de chemin, et alors il est nom commun : *trois* MILLES *d'Angleterre font un peu plus d'une lieue de France.*

Du Pronom.

Le *pronom* tient la place du nom pour en rappeler l'idée.

Il y a cinq sortes de pronoms : les pronoms *personnels*, les pronoms *démonstratifs*, les pronoms *possessifs*, les pronoms *relatifs* et les pronoms *indéfinis*.

PRONOMS PERSONNELS.

Les *pronoms personnels*, employés comme sujets, se placent avant le verbe : JE *lis*, VOUS *partez*, IL *viendra*, NOUS *sommes heureux*, VOUS *dites*, ELLES *travaillent.*

Employés comme compléments ou conductivés, ils se placent également avant le verbe : *je* ME *flatte, il* SE *loue, le maître* NOUS *regarde, le maître* VOUS *instruit, il* LUI *signifia, je* LEUR *dirai, je* M'*y applique.*

Je me flatte, on doit entendre, *je flatte moi; il se loue,* c'est-à-dire, *il loue soi; le maître nous regarde,* c'est-à-dire, *le maître regarde nous; le maître vous instruit,* c'est-à-dire, *le maître instruit vous; il lui signifia,* c'est-à-dire, *il signifia à lui; je leur dirai,* c'est-à-dire, *je dirai à eux; j'en parle,* c'est-à-dire, *je parle de lui, d'elle, d'eux, d'elles,* selon la personne ou la chose dont le nom a été exprimé auparavant; *je m'y applique,* c'est-à-dire, *je m'applique à cette chose, à ces choses.*

Lorsqu'on interroge, les pronoms personnels, dans les temps simples, se placent après le verbe, et dans les temps composés, entre l'auxiliaire et le passé : *où suis-*JE*? qu'ai-*JE *fait?*

Lorsque le verbe est au subjonctif sans subjonctive :

Puissé-je de mes yeux y voir tomber la foudre ! (CORN.)

Lorsqu'on rapporte les paroles de quelqu'un : *je serai heureux, disait-*IL*, si je puis être utile à mon pays.*

Lorsque le verbe est à l'impératif, il se met après le verbe : *conduis-*MOI*, donne-*LUI*, secourez-*NOUS*, va-t'en.* Lorsqu'un verbe à l'impératif a deux pronoms, l'un complément et l'autre conductivé, le complément s'annonce le premier : *donne-*LE *moi, prêtez-*LE *lui.*

Le pronom SOI est toujours du nombre singulier ; il se dit des personnes et des choses : *on doit rarement parler de* SOI*, chacun songe à* SOI*.*

Leur, lui, eux, elle, elles, employés comme compléments, s'appliquent seulement aux personnes et aux choses personnifiées. Ne dites pas : *ce mur menace ruine, n'approchez pas de* LUI *; ce cheval est méchant, ne* LE *touchez pas ; ces bâtiments n'étant pas assez grands, on* LEUR *ajoutera une aile.* Dans ce cas, il faut se servir des pronoms *en, y : n'*EN *approchez pas, n'*Y *touchez pas, on* Y *ajoutera,* etc.

Le pronom *le, la, les,* peut représenter un nom ou un adjectif pris nominativement. S'il représente un nom, il s'accorde en genre et en nombre avec ce nom : *Etes-vous madame de Genlis? Je ne* LA *suis pas. Etes-vous la mère de cet enfant? Je* LA *suis. Etes-vous les ministres du roi? Nous* LES *sommes. Etes-vous la malade? Je* LA *suis. Etes-vous les mariés? Nous* LES *sommes.*

S'il représente un adjectif ou un nom pris adjectivement, il est invariable : *Madame, êtes-vous malade? Je* LE *suis. Messieurs, êtes-vous mariés? Nous le sommes. Etes-vous ministres? Nous* LE *sommes. Etes-vous mère? Je* LE *suis.*

DU PRONOM DÉMONSTRATIF.

Ce, c', sont toujours joints au verbe *être* ou suivis de *qui, que, dont, quoi : c'est vous, c'est nous,* CE *sont eux;* CE *qui nuit,* CE *dont je parle,* CE *à quoi je pense.*

Celui, ceux, celle, celles, expriment une idée générale qui a besoin d'être restreinte, soit par un conductivé : *ses défauts étaient* CEUX *d'un homme aimable*;
soit par un pronom relatif : CEUX *qui pratiquent la vertu
sont heureux.*

Celui-ci, ceux-ci, ceci, désignent les objets les plus
proches : *celui-là, celle-là, cela*, les objets les plus
éloignés.

Celui-ci, ceux-ci, celui-là, ceux-là, s'emploient de
cette manière : *celui-ci*, pour l'objet dont on a parlé en
dernier lieu ; *celui-là*, pour l'objet dont on a parlé en
premier lieu : *le corps périt, et l'âme est immortelle;
cependant on néglige* CELLE-CI, *et tous les soins sont
pour* CELUI-LA.

Cet s'emploie devant une voyelle : *Cet enfant, cet
acte.*

DES PRONOMS POSSESSIFS.

Ces pronoms doivent se rapporter à un nom dont on
a parlé précédemment :

Tes discours trouveront plus d'accès que les miens (RACINE).

On ne doit pas commencer ainsi une lettre : *J'ai reçu
la* VÔTRE ; le pronom *la vôtre* ne se rapporte à rien de
ce qui précède ; il faut dire : *J'ai reçu votre lettre.*

DES PRONOMS RELATIFS.

Le *pronom relatif* s'accorde avec son antécédent
en genre, en nombre et en personne : *Moi* QUI *suis
estimé, toi* QUI *es estimé, lui* QUI *est estimé, elle* QUI
est estimée, nous QUI *sommes estimés, vous* QUI *êtes
estimés.*

Qui, conductivé, ne peut se dire que des personnes
ou des choses personnifiées :

Le bonheur appartient à qui fait des heureux (DELILLE).

Rocher à qui je me plains (MARMONTEL).

Ne dites pas : *Les sciences* A QUI *je m'applique*, mais AUXQUELLES *je m'applique*.

Dont marque simplement le rapport : *la personne* DONT *je parle ; où* exprime une idée de sortie : *la ville d'où je viens, le péril d'où vous êtes sorti*.

DES PRONOMS INDÉFINIS.

On devient féminin, quand il s'applique à une femme : *Quand* ON *est mariée*, ON *n'est pas toujours maîtresse de ses actions*. Au lieu de *on* il faut employer l'*on* après *et*, *si*, *ou* : *et* L'ON *dit, si* L'ON *dit, ou* L'ON *voit*. Cependant on doit faire usage de *on* devant *le*, *la*, *les* : *et* ON *le dit, si* ON *le voit*, *ou* ON *le verra*, pour éviter la répétition désagréable de l'articulation *l*.

Chacun prend *son*, *sa*, *ses*, quand il est après le complément, ou que le verbe n'a pas de complément : *ils ont apporté leurs offrandes, chacun selon* SES *moyens ; ils ont opiné chacun à* SON *tour*.

Chacun prend *leur*, *leurs*, lorsqu'il précède le complément : *ils ont apporté chacun* LEURS *offrandes ; ils ont donné chacun* LEUR *avis*.

Personne, pronom indéfini, est masculin : *personne n'est assez* SOT *pour le croire*.

Quelque, *chaque*, *quelconque*, *certain*, *certaine*, sont toujours joints à un nom : QUELQUE *nouvelle*, CERTAIN *philosophe*.

Nul, *nulle ; aucun*, *aucune ; l'un*, *l'autre ; même ; tel*, *telle ; tout*, *toute ; plusieurs*, sont tantôt joints à un nom et tantôt seuls.

Il y a des pronoms indéfinis suivis de la subjonctive : *qui* QUE *ce soit ; quoi* QUE *ce soit ; quel* QUE *soit votre mérite ; quelque richesse* QUE *vous ayez ; les rois, quelque puissants* QU'ILS *soient, ne doivent pas oublier* QU'ILS *sont hommes*.

Ne confondez pas *l'un l'autre* avec *l'un et l'autre ; l'un l'autre* éveille l'idée de réciprocité, et *l'un et l'autre* éveille simplement l'idée de pluralité : L'UN ET L'AUTRE *furent de grands poètes; ils s'estimaient* L'UN L'AUTRE.

Quand il y a plus de deux objets, l'on doit dire *les uns les autres*, et non pas *l'un l'autre : mille soldats s'excitent* LES UNS LES AUTRES *au combat. L'un l'autre* serait une faute.

Du Verbe.

Il n'y a qu'une seule conjugaison pour tous les verbes passifs ; elle se compose de l'auxiliaire *être* et du proadjectif.

VERBES PASSIFS.

INDICATIF.
PRÉSENT.

Je suis aimé.
Tu es aimé.
Il est aimé.
Nous sommes aimés.
Vous êtes aimés.
Ils sont aimés.

IMPARFAIT.

J'étais aimé.
Tu étais aimé.
Il était aimé.
Nous étions aimés.
Vous étiez aimés.
Ils étaient aimés.

PASSÉ DÉFINI.

Je fus aimé.
Tu fus aimé.
Il fut aimé.
Nous fûmes aimés.
Vous fûtes aimés.
Ils furent aimés.

PASSÉ INDÉFINI.

J'ai été aimé.
Tu as été aimé.
Il a été aimé.
Nous avons été aimés.
Vous avez été aimés.
Ils ont été aimés.

PASSÉ ANTÉRIEUR.

J'eus été aimé.
Tu eus été aimé.
Il eut été aimé.
Nous eûmes été aimés.
Vous eûtes été aimés.
Ils eurent été aimés.

PLUS-QUE-PARFAIT.

J'avais été aimé.
Tu avais été aimé.
Il avait été aimé.
Nous avions été aimés.
Vous aviez été aimés.
Ils avaient été aimés.

FUTUR.

Je serai aimé.
Tu seras aimé.
Il sera aimé.
Nous serons aimés.
Vous serez aimés.
Ils seront aimés.

FUTUR ANTÉRIEUR.

J'aurai été aimé.
Tu auras été aimé.
Il aura été aimé.
Nous aurons été aimés.
Vous aurez été aimés.
Ils auront été aimés.

CONDITIONNEL.

PRÉSENT.

Je serais aimé.
Tu serais aimé.
Il serait aimé.
Nous serions aimés.
Vous seriez aimés.
Ils seraient aimés.

PASSÉ.

J'aurais été aimé.
Tu aurais été aimé.
Il aurait été aimé.
Nous aurions été aimés.
Vous auriez été aimés.
Ils auraient été aimés.

On dit aussi : *J'eusse été aimé, tu eusses été aimé, il eût été aimé, nous eussions été aimés, vous eussiez été aimés, ils eussent été aimés.*

IMPÉRATIF.

(Point de première personne au singulier, ni de troisième pour les deux nombres).

Sois aimé.

Soyons aimé.
Soyez aimé.

SUBJONCTIF.

PRÉSENT OU FUTUR.

Que je sois aimé.
Que tu sois aimé.
Qu'il soit aimé.
Que nous soyons aimés.
Que vous soyez aimés.
Qu'ils soient aimés.

IMPARFAIT.

Que je fusse aimé.
Que tu fusses aimé.
Qu'il fût aimé.
Que nous fussions aimés.
Que vous fussiez aimés.
Qu'ils fussent aimés.

PASSÉ.

Que j'aie été aimé.
Que tu aies été aimé.
Qu'il ait été aimé.
Que nous ayons été aimés.
Que vous ayez été aimés.
Qu'ils aient été aimés.

PLUS-QUE-PARFAIT.

Que j'eusse été aimé.
Que tu eusses été aimé.
Qu'il eût été aimé.
Que nous eussions été aimés.
Que vous eussiez été aimés.
Qu'ils eussent été aimés.

INFINITIF.

Présent.	Être aimé.
Passé.	Avoir été aimé.

PARTICIPE.

Présent.	Étant aimé.
Passé.	Ayant été aimé.

VERBES NEUTRES.

Les temps simples des *verbes neutres* sont en tout conformes aux modèles des quatre conjugaisons.

A l'égard des temps composés, certains verbes neutres les forment avec *être*, d'autres les forment avec *avoir*.

Voici une règle généralement sûre pour connaître les verbes neutres qui prennent, dans leurs temps composés, l'auxiliaire *être*, et ceux qui prennent *avoir*. Si le participe d'un verbe neutre peut être converti en proadjectif, ce verbe se conjugue avec *être*. On dit : *je suis tombé, elle est décédée*, parce qu'on peut dire : *un homme* TOMBÉ, *une femme* DÉCÉDÉE. Si le participe, au contraire, ne peut pas se changer en proadjectif, le verbe se conjugue avec *avoir*. On dit : *j'ai frémi, elle a tremblé*, parce qu'on ne peut pas dire : *un homme* FRÉMI, *une femme* TREMBLÉE.

Nous allons donner la conjugaison du verbe neutre *tomber*, qui forme ses temps composés avec l'auxiliaire *être*.

CONJUGAISON DU VERBE NEUTRE **TOMBER.**

INDICATIF

PRÉSENT.

Je tombe
Tu tombes.
Il tombe.
Nous tombons.
Vous tombez.
Ils tombent.

IMPARFAIT.

Je tombais.
Tu tombais.
Il tombait.
Nous tombions.
Vous tombiez.
Ils tombaient.

PASSÉ DÉFINI.

Je tombai.
Tu tombas.
Il tomba.
Nous tombâmes.
Vous tombâtes.
Ils tombèrent.

PASSÉ INDÉFINI.

Je suis tombé.
Tu es tombé.
Il est tombé.
Nous sommes tombés.
Vous êtes tombés.
Ils sont tombés.

PASSÉ ANTÉRIEUR.

Je fus tombé.
Tu fus tombé.
Il fut tombé.
Nous fûmes tombés.
Vous fûtes tombés.
Ils furent tombés.

PLUS-QUE-PARFAIT.

J'étais tombé.
Tu étais tombé.
Il était tombé.
Nous étions tombés.
Vous étiez tombés.
Ils étaient tombés.

FUTUR.

Je tomberai.
Tu tomberas.
Il tombera.
Nous tomberons.
Vous tomberez.
Ils tomberont.

FUTUR ANTÉRIEUR.

Je serai tombé.
Tu seras tombé.
Il sera tombé.
Nous serons tombés.
Vous serez tombés.
Ils seront tombés.

CONDITIONNEL.

PRÉSENT.

Je tomberais.
Tu tomberais.
Il tomberait.
Nous tomberions.
Vous tomberiez.
Ils tomberaient.

PASSÉ.

Je serais tombé.
Tu serais tombé.
Il serait tombé.

Nous serions tombés.
Vous seriez tombés.
Ils seraient tombés.

On dit aussi : *Je fusse tombé , tu fusses tombé , il fût tombé , nous fussions tombés, vous fussiez tombés, ils fussent tombés.*

IMPÉRATIF.

(Point de première personne du singulier, ni de troisième pour les deux nombres.)

Tombe.
Tombons.
Tombez.

SUBJONCTIF.

PRÉSENT OU FUTUR.

Que je tombe.
Que tu tombes.
Qu'il tombe.
Que nous tombions.
Que vous tombiez.
Qu'ils tombent.

IMPARFAIT.

Que je tombasse.
Que tu tombasses.
Qu'il tombât.
Que nous tombassions.
Que vous tombassiez.
Qu'ils tombassent.

PASSÉ.

Que je sois tombé.
Que tu sois tombé.
Qu'il soit tombé.
Que nous soyons tombés.
Que vous soyez tombés.
Qu'ils soient tombés.

PLUS-QUE-PARFAIT.

Que je fusse tombé.
Que tu fusses tombé.
Qu'il fût tombé.

5

Que nous fussions tombés.
Que vous fussiez tombés.
Qu'ils fussent tombés.

INFINITIF.

PRÉSENT. Tomber.
PASSÉ. Être tombé.

PARTICIPE.

PRÉSENT. Tombant.
PASSÉ. Étant tombé.

PROADJECTIF.

Tombé, tombée.

VERBES PRONOMINAUX.

Les verbes *pronominaux* prennent dans tous leurs temps deux pronoms de la même personne, l'un sujet et l'autre complément.

Dans leurs temps simples, ils se conjuguent comme les verbes de la conjugaison à laquelle ils appartiennent.

Dans leurs temps composés, ils prennent l'auxiliaire *être*, que l'on met au même temps que le verbe *avoir*, dans les temps composés des quatre conjugaisons.

Nous allons conjuguer le verbe pronominal *se flatter*

VERBE PRONOMINAL SE FLATTER.

INDICATIF.

PRÉSENT.

Je me flatte.
Tu te flattes.
Il se flatte.
Nous nous flattons.
Vous vous flattez.
Ils se flattent.

IMPARFAIT.

Je me flattais.
Tu te flattais.
Il se flattait.
Nous nous flattions.
Vous vous flattiez.
Ils se flattaient.

PASSÉ DÉFINI.

Je me flattai.
Tu te flattas.
Il se flatta.
Nous nous flattâmes.
Vous vous flattâtes.
Ils se flattèrent.

PASSÉ INDÉFINI.

Je me suis flatté.
Tu t'es flatté.
Il s'est flatté.
Nous nous sommes flattés.
Vous vous êtes flattés.
Ils se sont flattés.

PASSÉ ANTÉRIEUR.

Je me fus flatté.
Tu te fus flatté.
Il se fut flatté.
Nous nous fûmes flattés.
Vous vous fûtes flattés.
Ils se furent flattés.

PLUS-QUE-PARFAIT.

Je m'étais flatté.
Tu t'étais flatté.
Il s'était flatté.
Nous nous étions flattés.
Vous vous étiez flattés.
Ils s'étaient flattés.

FUTUR.

Je me flatterai.
Tu te flatteras.
Il se flattera.
Nous nous flatterons.
Vous vous flatterez.
Ils se flatteront.

FUTUR ANTÉRIEUR.

Je me serai flatté.
Tu te seras flatté.
Il se sera flatté.
Nous nous serons flattés.
Vous vous serez flattés.
Ils se seront flattés.

CONDITIONNEL.

PRÉSENT.

Je me flatterais.
Tu te flatterais.
Il se flatterait.
Nous nous flatterions.
Vous vous flatteriez.
Ils se flatteraient.

PASSÉ.

Je me serais flatté.
Tu te serais flatté.
Il se serait flatté.

Nous nous serions flattés.
Vous vous seriez flattés.
Ils se seraient flattés.

On dit aussi : *Je me fusse flatté,
tu te fusses flatté, il se fût flatté,
nous nous fussions flattés, vous
vous fussiez flattés, ils se fussent
flattés.*

IMPÉRATIF.

(Point de première personne du
singulier, ni de troisième pour les
deux nombres.)

Flatte-toi.
Flattons-nous.
Flattez-vous.

SUBJONCTIF.

PRÉSENT OU FUTUR.

Que je me flatte.
Que tu te flattes.
Qu'il se flatte.
Que nous nous flattions.
Que vous vous flattiez.
Qu'ils se flattent.

IMPARFAIT.

Que je me flattasse.
Que tu te flattasses.
Qu'il se flattât.
Que nous nous flattassions.
Que vous vous flattassiez.
Qu'ils se flattassent.

PASSÉ.

Que je me sois flatté.
Que tu te sois flatté.
Qu'il se soit flatté.
Que nous nous soyons flattés.
Que vous vous soyez flattés.
Qu'ils se soient flattés.

PLUS-QUE-PARFAIT.

Que je me fusse flatté.
Que tu te fusses flatté.
Qu'il se fût flatté.

Que nous nous fussions flattés.
Que vous vous fussiez flattés.
Qu'ils se fussent flattés.

INFINITIF.

Présent. Se flatter.
Passé. S'être flatté.

PARTICIPE.

Présent. Se flattant.
Passé. S'étant flatté.

PROADJECTIF.

Flatté, flattée.

VERBES UNIPERSONNELS.

On appelle verbes *unipersonnels* ceux qui ne s'emploient, dans tous leurs temps, qu'à la troisième personne du singulier; ils se conjuguent à cette troisième conjugaison comme les autres verbes.

VERBE UNIPERSONNEL **FALLOIR.**

INDICATIF.

PRÉSENT.

Il faut.

IMPARFAIT.

Il fallait.

PASSÉ DÉFINI.

Il fallut.

PASSÉ INDÉFINI.

Il a fallu.

PASSÉ ANTÉRIEUR.

Il eut fallu.

PLUS-QUE-PARFAIT.

Il avait fallu.

FUTUR.

Il faudra.

FUTUR ANTÉRIEUR.

Il aura fallu.

CONDITIONNEL.

PRÉSENT.

Il faudrait.

PASSÉ.

Il aurait fallu.

SUBJONCTIF.

PRÉSENT OU FUTUR.

Qu'il faille.

IMPARFAIT.	INFINITIF.

IMPARFAIT.

Qu'il fallût.

PASSÉ.

Qu'il ait fallu.

PLUS-QUE-PARFAIT.

Qu'il eût fallu.

INFINITIF.

PRÉSENT. Falloir.

PARTICIPE.

PRÉSENT.....

PASSÉ. Ayant fallu.

PROADJECTIF.

. . . . . .

DE LA FORMATION DES TEMPS.

Les *temps* des verbes se divisent en *temps primitifs* et en *temps dérivés*.

Les temps primitifs sont ceux qui servent à former tous les autres ; ils sont au nombre de cinq :

Le *présent de l'infinitif ;*

Le *participe présent ;*

Le *participe passé ;*

Le *présent de l'indicatif*,

Et le *passé défini.*

Les temps dérivés sont ceux qui sont formés des temps primitifs.

L'infinitif forme deux temps :

1° Le *futur*, par le changement de *r*, *oir* ou *re* en *rai* : aimer, j'aimerai ; finir, je finirai ; recevoir, je recevrai ; rendre, je rendrai.

2° Le *conditionnel présent*, par le changement de *r*, *oir* ou *re* en *rais* : aimer, j'aimerais ; finir, je finirais ; recevoir, je recevrais ; rendre, je rendrais.

Le *participe présent* forme trois temps :

1° Les trois personnes plurielles du *présent de l'in-dicatif*, par le changement de *ant* en *ons*, en *ez* et en *ent* : aimant, nous aimons, vous aimez, ils aiment, etc.

Excepté les verbes de la troisième conjugaison, qui,

à la troisième personne plurielle du *présent de l'indicatif*, changent *evant* en *oivent* : *recevant* , *ils reçoivent*.

2° L'*imparfait de l'indicatif* , par le changement de *ant* en *ais* : *aimant*, *j'aimais* ; *finissant*, *je finissais*, etc.

3° Le *présent du subjonctif*, par le changement de *ant* en *e* : *aimant*, *que j'aime* , *finissant* , *que je finisse* , etc.

Excepté les verbes de la troisième conjugaison, qui changent *evant* en *oive* : *recevant* , *que je reçoive*.

Le *participe passé* forme tous les temps composés par le moyen du verbe *avoir* ou du verbe *être* : *j'ai estimé* , *je suis estimé* ; *tu avais puni* , *tu étais puni* , etc.

Le *présent de l'indicatif* forme *l'impératif* par la suppression des pronoms sujets *tu* , *nous*, *vous* , et pour les verbes de la première conjugaison, par la suppression du *s* qui caractérise la seconde personne du singulier : *tu aimes*, *aime* ; *nous aimons*, *aimons* ; *vous aimez* , *aimez* ; *tu finis* , *finis* ; *nous finissons*, *finissons* , *vous finissez*, *finissez* , etc.

Le *passé défini* forme *l'imparfait du subjonctif* , par le changement de *ai* en *asse* pour la première conjugaison, et par l'addition de *se* pour les trois autres : *j'aimai* , *que j'aimasse* ; *je finis*, *que je finisse* , etc.

DES VERBES IRRÉGULIERS.

On appelle verbes *irréguliers* ceux qui ne suivent pas la règle générale des conjugaisons. Quelque irrégulier que soit un verbe , les irrégularités n'apparaissent que dans les temps simples.

DES VERBES DÉFECTIFS.

On appelle verbes *défectifs* ceux auxquels il manque certains temps ou certaines personnes.

Lorsqu'un temps primitif manque, tous les temps qui en dérivent manquent également. Ainsi, *absoudre*, n'ayant point de passé défini, n'a pas d'imparfait du subjonctif. De même *braire*, n'ayant pour temps primitif que l'infinitif, *braire*, et le présent de l'indicatif, *il brait*, n'a aucun des temps qui dérivent du *participe présent*, du *participe passé* et du *passé défini*. Cette règle a cependant quelques exceptions ; mais elles sont en bien petit nombre.

TEMPS PRIMITIFS.

DES VERBES IRRÉGULIERS.

PRÉSENT de L'INFINITIF.	PARTICIPE PRÉSENT.	PARTICIPE PASSÉ.	PRÉSENT de L'INDICATIF.	PASSÉ DÉFINI.
PREMIÈRE CONJUGAISON.				
Aller.	Allant.	Allé.	Je vais.	J'allai.
Envoyer.	Envoyant.	Envoyé.	J'envoie.	J'envoyai.
DEUXIÈME CONJUGAISON.				
Acquérir.	Acquérant.	Acquis.	J'acquiers.	J'acquis.
Bouillir.	Bouillant.	Bouilli.	Je bous.	Je bouillis.
Courir.	Courant.	Couru.	Je cours.	Je courus.
Cueillir	Cueillant.	Cueilli.	Je cueille.	Je cueillis.
Dormir.	Dormant.	Dormi.	Je dors.	Je dormis.
Faillir.	Faillant.	Failli.	Je faux.	Je faillis.
Fuir.	Fuyant.	Fui.	Je fuis.	Je fuis.
Mentir.	Mentant.	Menti.	Je mens.	Je mentis.
Mourir.	Mourant.	Mort.	Je meurs.	Je mourus.
Offrir.	Offrant.	Offert.	J'offre.	J'offris.
Ouvrir.	Ouvrant.	Ouvert.	J'ouvre.	J'ouvris.

SUITE DE LA DEUXIÈME CONJUGAISON.

PRÉSENT de L'INFINITIF.	PARTICIPE PRÉSENT.	PARTICIPE PASSÉ.	PRÉSENT de L'INDICATIF.	PASSÉ DÉFINI.
Partir.	Partant.	Parti.	Je pars.	Je partis.
Sortir.	Sortant.	Sorti.	Je sors.	Je sortis.
Tenir.	Tenant.	Tenu.	Je tiens.	Je tins.
Tressaillir.	Tressaillant.	Tressailli.	Je tressaille.	Je tressaillis.
Venir.	Venant.	Venu.	Je viens.	Je vins.
Vêtir.	Vêtant.	Vêtu.	Je vêts.	Je vêtis.

TROISIÈME CONJUGAISON.

Choir.				
Déchoir.		Déchu.	Je déchois.	Je déchus.
Échoir.	Échéant.	Échu.	J'échois.	Il échut.
Falloir.		Fallu.	Il faut.	Il fallut.
Mouvoir.	Mouvant.	Mu.	Je meus.	Je mus.
Pleuvoir.	Pleuvant.	Plu.	Il pleut.	Il plut.
Pourvoir.	Pourvoyant.	Pourvu.	Je pourvois.	Je pourvus.
Pouvoir.	Pouvant.	Pu.	Je peux ou je puis.	Je pus.
Prévaloir.	Prévalant.	Prévalu.	Je prévaux.	Je prévalus.
S'asseoir.	S'asseyant.	Assis.	Je m'assieds.	Je m'assis.
Savoir.	Sachant.	Su.	Je sais.	Je sus.
Valoir.	Valant.	Valu.	Je vaux.	Je valus.
Voir.	Voyant.	Vu.	Je vois.	Je vis.
Vouloir.	Voulant.	Voulu.	Je veux.	Je voulus.

QUATRIÈME CONJUGAISON.

Absoudre.	Absolvant.	Absous (absoute au f.)	J'absous.	
Battre.	Battant.	Battu.	Je bats.	Je battis.
Boire.	Buvant.	Bu.	Je bois.	Je bus.
Braire.			Il brait.	
Bruire.	Bruyant.			

SUITE DE LA QUATRIÈME CONJUGAISON.

PRÉSENT de L'INFINITIF.	PARTICIPE PRÉSENT.	PARTICIPE PASSÉ.	PRÉSENT de L'INDICATIF.	PASSÉ DÉFINI.
Circoncire.	Circoncisant.	Circoncis.	Je circoncis.	Je circoncis.
Clore.		Clos.	Je clos.	
Conclure.	Concluant.	Conclu.	Je conclus.	Je conclus.
Confire.	Confisant.	Confit.	Je confis.	Je confis.
Coudre.	Cousant.	Cousu.	Je couds.	Je cousis.
Croire.	Croyant.	Cru.	Je crois.	Je crus.
Croître.	Croissant.	Crû.	Je crois.	Je crus.
Dire.	Disant.	Dit.	Je dis.	Je dis.
Eclore.		Eclos.	Il éclot.	
Ecrire.	Ecrivant.	Ecrit.	J'écris.	J'écrivis.
Exclure.	Excluant.	Exclu.	J'exclus.	J'exclus.
Faire.	Faisant.	Fait.	Je fais.	Je fis.
Joindre.	Joignant.	Joint.	Je joins.	Je joignis.
Lire.	Lisant.	Lu.	Je lis.	Je lus.
Luire.	Luisant.	Lui.	Je luis.	
Maudire.	Maudissant.	Maudit.	Je maudis.	Je maudis.
Mettre.	Mettant.	Mis.	Je mets.	Je mis.
Moudre.	Moulant.	Moulu.	Je mouds.	Je moulus.
Naître.	Naissant.	Né.	Je nais.	Je naquis.
Nuire.	Nuisant.	Nui.	Je nuis.	Je nuisis.
Prendre.	Prenant.	Pris.	Je prends.	Je pris.
Répondre.	Répondant.	Répondu.	Je réponds.	Je répondis.
Résoudre.	Résolvant.	Résous, ré-solu.	Je résous.	Je résolus.
Rire.	Riant.	Ri.	Je ris.	Je ris.
Rompre.	Rompant.	Rompre.	Je romps.	Je rompis.
Suffire.	Suffisant.	Suffi.	Je suffis.	Je suffis.
Suivre.	Suivant.	Suivi.	Je suis.	Je suivis.
Traire.	Trayant.	Trait.	Je trais.	
Vaincre.	Vainquant.	Vaincu.	Je vaincs.	Je vainquis.
Vivre.	Vivant.	Vécu.	Je vis.	Je vécus.

TEMPS DÉRIVÉS

—◁◦▷—

PREMIÈRE CONJUGAISON.

ALLER. Présent de l'indicatif, *je vais* , *tu vas* , *il va*. Futur, *j'irai* , *tu iras* , etc. Conditionnel, *j'irais* , *tu irais* , etc. Impératif, *va*. Présent du subjonctif, *que j'aille* , *que tu ailles* , *qu'il aille*.

ENVOYER. Futur, *j'enverrai* , *tu enverras* , etc. Conditionnel, *j'enverrais* , *tu enverrais* , etc.

DEUXIÈME CONJUGAISON.

ACQUÉRIR. Présent de l'indicatif, *ils acquièrent*. Futur, *j'acquerrai* , *tu acquerras* , etc. Conditionnel, *j'acquerrais*, *tu acquerrais* , etc. Prés. du subj., *que j'acquière* , *que tu acquières* , *qu'il acquière* , *qu'ils acquièrent*.

COURIR. Futur, *je courrai*, *tu courras*, etc. Condit., *je courrais* , *tu courrais* , etc.

CUEILLIR. Futur, *je cueillerai* , *tu cueilleras* , etc. Condit., *je cueillerais* , *tu cueillerais*, etc.

MOURIR. Futur, *je mourrai*, *tu mourras*, etc. Condit., *je mourrais* , *tu mourrais*, etc. Prés. du subj., *que je meure* , *que tu meures*, *qu'il meure* ; *qu'ils meurent*.

TENIR. Prés. de l'ind., *ils tiennent*. Futur, *je tiendrai*, *tu tiendras*, etc. Condit., *je tiendrais*, *tu tiendrais*, etc. Prés. du subj., *que je tienne* , *que tu tiennes* , *qu'il tienne* ; *qu'ils tiennent*.

TRESSAILLIR. Futur, *je tressaillerai*. etc. Condit., *je tressaillerais* , etc.

VENIR. Prés. de l'ind., *ils viennent*. Futur, *je viendrai*, etc. Condit., *je viendrais, tu viendrais*, etc. Prés. du subj., *que je vienne, que tu viennes, qu'il vienne ; qu'ils viennent.*

TROISIÈME CONJUGAISON.

DÉCHOIR. Prés. de l'ind., *nous déchoyons, vous déchoyez, ils déchoient.* Futur, *je décherrai, tu décherras,* etc. Condit., *je décherrais, tu décherrais,* etc. Prés. du subj., *que je déchoie, que tu déchoies, que nous déchoyons, que vous déchoyez, qu'ils déchoient.* Les autres temps simples sont inusités.

ÉCHOIR. *Il échoit* ou *il échet, ils échoient* ou *ils échéent. Il échoyait. Il échut. Il écherra. Il écherrait. Qu'il échoie. Qu'il échût.*

FALLOIR. Futur, *il faudra.* Condit., *il faudrait.* Prés. du subj., *qu'il faille* (quoiqu'il n'y ait pas de participe présent).

MOUVOIR. Prés. de l'ind., *ils meuvent.* Prés. du subj., *que je meuve, que tu meuves, qu'il meuve ; qu'ils meuvent.*

POUVOIR. Prés. de l'ind., *je puis ; ils peuvent.* Futur, *je pourrai, tu pourras,* etc. Condit., *je pourrais, tu pourrais,* etc. Prés. du subj., *que je puisse, que tu puisses,* etc.

PRÉVALOIR se conjugue en tout comme *valoir,* excepté au présent du subjonctif, où il fait régulièrement *que je prévale, que tu prévales, qu'il prévale, que nous prévalions, que vous prévaliez, qu'ils prévalent.*

S'ASSEOIR. Futur, *je m'assiérai, tu t'assiéras,* etc. On dit aussi : *je m'asseyerai, tu t'asseyeras,* etc. Condit. *je m'assiérais, tu t'assiérais,* etc. On dit aussi : *je m'asseyerais, tu t'asseyerais,* etc.

SAVOIR. Prés. de l'ind., *nous savons, vous savez, ils savent.* Imp., *je savais, tu savais,* etc. Futur, *je saurai, tu sauras,* etc. Condit., *je saurais, tu saurais,* etc. Impératif, *sache, sachons, sachez.*

VALOIR. Futur, *je vaudrai, tu vaudras,* etc. Condit.,

je vaudrais, *tu vaudrais*, etc. (Point d'impératif.)
Présent du subjonctif, *que je vaille*, *que tu vailles*,
qu'il vaille ; *qu'ils vaillent.*

Voir. Futur, *je verrai*, *tu verras*, etc. Condit.,
je verrais, etc.

Vouloir. Prés. de l'ind., *ils veulent.* Futur, *je voudrai*, *tu voudras*, etc. Condit., *je voudrais*, *tu voudrais*,
etc. (Point d'impératif.) Prés. du subj., *que je veuille*,
que tu veuilles, *qu'il veuille* ; *qu'ils veuillent.*

QUATRIÈME CONJUGAISON.

Boire. Présent de l'indicatif, *ils boivent.* Prés. du
subj., *que je boive*, *que tu boives*, *qu'il boive* ; *qu'ils
boivent.*

Bruire n'est usité qu'à l'infinitif et aux troisièmes
personnes de l'imparfait.

Dire. Prés. de l'ind., *vous dites. Dire, contredire*,
interdire, *médire*, *prédire*, font : *vous médisez*,
vous contredisez, etc. Les autres personnes et les
autres temps se conjuguent comme *dire.*

Faire. Présent de l'indicatif, *vous faites*, *ils font.*
Futur, *je ferai*, *tu feras*, etc. Condit., *je ferais*, *tu
ferais*, etc. Prés. du subj., *que je fasse*, *que tu fasses*,
etc. *Contrefaire*, *défaire*, *refaire*, *surfaire* et *satis-
faire* se conjuguent de même.

Prendre. Prés. de l'ind., *ils prennent.* Prés. du subj.,
que je prenne, *que tu prennes*, *qu'il prenne* ; *qu'ils
prennent.*

Les composés des verbes irréguliers contenus dans
les tableaux qui précèdent, suivent la conjugaison de
leurs simples. Ainsi, *renvoyer*, *repartir*, *convaincre*,
promettre, etc., se conjuguent comme *envoyer*, *partir*,
vaincre, *mettre.*

A l'aide des tableaux et des règles que nous avons données sur la formation des temps , on peut conjuguer facilement les verbes français.

Il y a trois temps dans les verbes : le *présent* , le *passé* et le *futur*. Comme dans ces trois temps on peut envisager les choses de diverses manières , on en a introduit plusieurs autres , pour exprimer toutes ces manières , qui forment les modes.

Nous avons déjà dit qu'il y a cinq modes : l'*indicatif*, le *conditionnel*, l'*impératif*, le *subjonctif* et l'*infinitif*.

L'*indicatif* exprime l'action d'une manière positive , et forme un sens par lui-même : *je* VOIS *notre ami qui* ARRIVE *de la campagne.*

Le *conditionnel* marque une chose qui se ferait moyennant une condition : *je vous* AIMERAIS *si vous remplissiez bien votre devoir.*

L'*impératif* exprime l'action sous l'idée du commandement , de la prière , de l'exhortation : REMPLISSEZ *vos devoirs.*

Le *subjonctif* exprime l'idée d'une manière indirecte : *croyez-vous que votre frère* VIENNE.

L'*infinitif* exprime l'action d'une manière vague , sans désignation de nombre ni de personne :

On peut ÊTRE héros sans RAVAGER la terre.   (BOILEAU.)

Le *présent* désigne une chose qui est , ou se fait à l'instant de la parole : *je* MARCHE.

L'*imparfait* marque une action qui se faisait dans le temps qu'une autre s'est faite : *il* PLEUVAIT *lorsque je vous ai vu passer.*

Le *passé défini* marque une chose faite dans un temps entièrement écoulé : *je* REÇUS *hier votre lettre.*

Le *passé indéfini* marque une chose faite dans un

temps qui n'est pas tout-à-fait écoulé : *j'ai* ÉCRIT *au-jourd'hui.*

Le *passé antérieur* marque une chose qui a eu lieu avant une autre chose dans un temps passé : *quand j'*EUS LU *, je partis.*

Le *plus-que-parfait* marque une chose qui était déjà faite quand une autre s'est faite : *j'*AVAIS FINI *quand vous vîntes.*

Le *futur* marque une chose qui sera ou se fera : *la vertu* SERA *récompensée.*

Le *futur antérieur* marque une chose qui aura été faite quand une autre se fera : *j'*AURAI TERMINÉ *cette affaire , quand vous me verrez partir.*

Le *conditionnel passé* marque une chose qui aurait été faite, si certaine condition avait eu lieu : *j'*AURAIS LU *votre ouvrage, si j'en avais eu le temps.*

Présent ou *futur du subjonctif.* Ce temps est appelé *présent* ou *futur* , parce qu'il s'emploie aussi souvent pour l'un que pour l'autre : *croyez-vous que votre frère* VIENNE? Le verbe *vienne* marque un *présent,* si l'on veut dire que votre frère est en chemin , et un *futur* , si l'on veut dire qu'il viendra.

La définition des trois temps suivants est la même que celle des pareils temps de l'indicatif :

Imparfait du subjonctif : il n'était pas nécessaire que vous vous en ALLASSIEZ *si promptement.*

*Passé : cet homme est trop franc et trop sincère pour qu'il n'*AIT *point* DIT *la vérité.*

*Plus-que-parfait : il a bien fallu que j'*EUSSE TER- MINÉ *à votre arrivée une affaire d'une telle importance.*

Le *présent de l'infinitif* est toujours précédé d'un verbe, et se rapporte au temps marqué par ce verbe : *j'entends , j'ai entendu , j'entendrai votre frère* CHANTER.

Le *passé de l'infinitif* désigne un temps passé re- latif au verbe qui le précède : *vous paraissez* AVOIR ÉTUDIÉ *votre langue.*

Le *participe* a la signification du verbe ; il est nommé présent parce qu'il marque un temps présent par rapport à une autre époque : AIMANT *la poésie*, *je lis*, *je lus*, *je lirai Racine et Boileau.*

Il est nommé *passé*, parce que, joint au verbe *avoir*, il exprime toujours un temps passé : *j'ai* AIMÉ, *j'avais* AIMÉ.

Le *proadjectif* est toujours employé comme adjectif : *voilà un champ bien* CULTIVÉ ; *des arbres que l'on a* ÉMONDÉS.

DE L'EMPLOI DU SUBJONCTIF.

Le subjonctif est le mode du doute, de la dépendance. On l'emploie :

Après les verbes qui expriment la volonté, le commandement, le désir, le doute, la crainte, etc.

Il veut
Il exige } que vous *fassiez* votre devoir.
Il désire

Après un verbe accompagné d'une négation ou qui exprime une interrogation.

Je ne crois pas }
Croyez-vous } qu'il *vienne.*

Après un verbe unipersonnel ou employé unipersonnellement.

Il semble
Il convient } qu'il *vienne.*
Il faut
Il est juste

Après un pronom relatif ou l'adverbe *où*, quand l'un ou l'autre est précédé de *le seul*, de *peu*, de *le plus*, *le moins*, *le mieux*, *la plus*, *la moins*, *la mieux*, *les plus*, etc. : *le chien est le seul animal dont la fidélité* SOIT *à l'épreuve; il y a peu d'hommes qui* SACHENT *supporter l'adversité; c'est le moins honnête homme qu'il y* AIT, etc.

Le meilleur étant pour *le plus bon*, *le pire* pour *le plus mauvais* et *le moindre* pour *le plus petit*, il en résulte qu'on doit dire avec le subjonctif : *c'est le meilleur homme qu'il y* AIT, etc.

Après un pronom relatif ou l'adverbe *où*, quand le verbe qui suit exprime quelque chose de douteux, d'incertain : *je cherche quelqu'un qui me* RENDE *ce service ; j'irai dans une retraite où je* SOIS *tranquille*.

Après *quelque.... que ; que, quelque, quoi que : quelque riche* QUE *vous* SOYEZ ; *quels* QUE SOIENT *vos talents ; quoi* QUE *vous* DISIEZ.

Il y a des exceptions relatives à ce qui vient d'être dit.

Le subjonctif cesse d'avoir lieu, quand l'interrogation ne sert qu'à affirmer avec plus de force :

. . . . Madame, oubliez-vous
Que Thésée *est* mon père et qu'il *est* votre époux ? (RACINE.)

Il semble, accompagné d'un conductivé, tel qu'*il y a*, *il paraît*, *il résulte*, *il est certain*, *il est vrai*, etc, demande l'indicatif.

Il me semble ⎫
Il paraît ⎬ qu'il *a* raison.
Il est sûr ⎭

DE L'EMPLOI DES TEMPS DU SUBJONCTIF.

Le *subjonctif* étant toujours sous la dépendance d'un autre verbe, c'est le temps du verbe précédent qui détermine quel temps du subjonctif il faut employer : *je ne* CROIS *pas qu'il vienne ; je ne* CROYAIS *pas que vous* VINSSIEZ.

Après le présent et le futur de l'indicatif, on emploie le *présent* ou le *passé* du subjonctif, selon le temps qu'on veut exprimer à l'égard du premier verbe : le *présent*, pour exprimer un présent ou un futur ; et le *passé*, pour exprimer un passé :

Je doute ⎫
Je douterai ⎬ que vous *étudiiez* maintenant.

Je doute   } que vous ayez *étudié*.
Je douterai }

Après l'imparfait, le plus-que-parfait, les passés et les conditionnels, on emploie l'*imparfait* ou le *plus-que-parfait* du subjonctif, selon le temps qu'on veut exprimer à l'égard du premier verbe : l'*imparfait*, pour exprimer un présent ou un futur, et le *plus-que-parfait*, pour marquer un passé :

Je doutais   }
Je doutai   }
J'ai douté   }
Je douterais } que vous *étudiassiez* aujourd'hui, demain.
J'aurais douté }
J'avais douté }

Je doutais   }
Je doutai   }
J'ai douté   }
Je douterais } que vous *eussiez étudié* la semaine passée.
J'aurais douté }
J'avais douté. }

Il y a quelques exceptions relatives à ce qui vient d'être dit.

Après le présent et le futur de l'indicatif, on emploie l'*imparfait* du subjonctif au lieu du présent, et le *plus-que-parfait* au lieu du passé, si le verbe au subjonctif est suivi d'une expression conditionnelle :

Je doute   } que vous *étudiassiez* maintenant, demain, si l'on
Je douterai }   ne vous y contraignait.

Je doute   } que vous *eussiez étudié* hier, si l'on ne vous y eût
Je douterai }   contraint.

Au lieu de l'*imparfait*, on emploie le *présent* du subjonctif, quand l'action du verbe au subjonctif a lieu à l'instant de la parole : *il m'a trahi quoiqu'il* soit *mon ami*; ou a lieu dans tous les temps : *Dieu nous a donné la raison afin que nous* DISCERNIONS *le bien d'avec le mal.*

Après un passé indéfini, l'usage permet d'employer le passé du subjonctif au lieu de l'imparfait : *a-t-on jamais vu un homme qui* AIT MONTRÉ *plus de courage ?*

REMARQUE. Quelquefois, par inversion, le subjonctif précède le verbe dont il dépend : *quelque sages que nous* SOYONS, *nous commettons bien des fautes.* L'ordre naturel demande : *nous commettons bien des fautes, quelque sages que nous* SOYONS. Cette inversion a le plus souvent lieu avec *quelque... que, quoique, afin que*, et quelques autres subjonctives.

DE L'EMPLOI DE L'INFINITIF.

L'infinitif s'emploie comme sujet et comme complément.

Employé comme sujet : LIRE *trop et* LIRE *trop peu, sont deux défauts.*

Employé comme complément : *il vaut mieux* ÊTRE *malheureux que criminel.*

L'infinitif peut être le complément d'un autre verbe, ou sans le secours d'un conductif, ou à l'aide des conductifs *à* et *de*.

L'infinitif n'est précédé d'aucun conductif après *aimer mieux, compter, croire, daigner, devoir, entendre, faire, s'imaginer, oser, pouvoir, prétendre, vouloir, savoir : j'ai cru n'*AVOIR *au ciel que des grâces à rendre*, etc.

L'infinitif est précédé du conductif *à* après *aimer, aider, s'attendre, s'entendre, autoriser, balancer, consentir, décider, désapprendre, encourager, exhorter, habituer, hésiter, s'obstiner, penser, persister, répugner*, etc. : *elle aime* A *lire*, etc.

L'infinitif est précédé du conductif *de* après *appréhender, craindre, dédaigner, défier, se dépêcher, désespérer, désirer, détester, différer, discontinuer, espérer, gagner, regretter, souhaiter, soupçonner*, etc.: *il craignait* DE *l'obtenir*, etc.

Cependant on peut supprimer le conductif *de* après *désirer, espérer, souhaiter* et *dire : je désire* DE *sortir*, ou *je désire sortir*.

L'infinitif peut être précédé du conductif *à* ou *de* après *continuer*, *contraindre*, *déterminer*, *s'empresser*, *engager*, *essayer*, *faillir*, *forcer*, *obliger*, *résoudre*, *solliciter*, *souffrir*, *tarder*; c'est le goût et l'oreille qu'il faut consulter.

Il est dans le génie de la langue française d'admettre deux infinitifs de suite : *je veux le lui* FAIRE SAVOIR. Mais il faut éviter d'employer de cette manière trois ou quatre infinitifs. Ne dites donc pas : *je crois* POUVOIR ALLER VOIR *vos parents*. Diminuez le nombre des infinitifs, en vous servant d'un autre mode : *je crois que je pourrai aller voir vos parents*.

Le verbe auxiliaire *avoir* signifie en lui-même posséder; en ce sens il est actif : *vous* AVEZ *la meilleure des mères*.

Le verbe auxiliaire *être* signifie exister; il n'exprime point d'action; il s'appelle verbe substantif. Un de ses principaux usages est d'exprimer l'affirmation que l'on fait, soit d'une personne, soit d'une chose qui en est le sujet : *la médiocrité* EST *la sauvegarde de la vertu*.

Les verbes *devenir*, *paraître*, *sembler*, sont regardés comme des verbes substantifs.

Le verbe est, en général, un mot qui exprime une action produite par un principe spirituel ou matériel. On appelle *sujet*, la personne ou la chose qui est le principe de cette action. On appelle *complément*, la personne ou la chose qui complète, qui achève d'exprimer la pensée commencée par le sujet : *nous aimons la vertu*; *le limon fertilise les terres*. Dans ces deux phrases, les mots *aimons*, *fertilise* expriment des actions dont la première est produite par un principe spirituel, et la seconde par un principe matériel. *Nous*, *limon* sont sujets, parce qu'ils sont les principes de ces actions, puisqu'ils les produisent; *vertu*, *terres* sont compléments, parce qu'ils complètent ces actions.

Le complément répond à la question *qui?* pour les personnes, et *quoi?* pour les choses : *j'estime les* GENS *vertueux*; j'estime *qui?* les gens vertueux; *je chéris l'*ÉTUDE; je chéris *quoi?* l'étude.

L'action qu'exprime le verbe peut être considérée sous quatre points de vue ; de là naissent quatre sortes de verbes : l'*actif*, le *passif*, le *pronominal* et le *neutre*.

Le verbe *actif* exprime une action que le sujet produit, et dont un objet étranger reçoit ou souffre l'impression : *le tonnerre a renversé un grand édifice.*

Le verbe *passif* exprime une action dont l'impression est reçue par le sujet : *un grand édifice a été renversé par le tonnerre.*

Le verbe *pronominal* exprime une action dont le sujet qui la produit ressent l'impression ; de sorte qu'en agissant sur lui-même, il est tout à la fois et le sujet et le complément de cette action : *vous vous êtes flattés ; ce jeune fat se vante toujours.*

Le verbe *neutre* exprime une action faite par le sujet, mais dont l'impression ne peut être reçue ou soufferte par aucun objet : *les arbres fleurissent ; cet homme pense juste et raisonne de même ; le méchant médit de tout le monde.*

Il résulte de là qu'un verbe neutre ne peut être changé en passif. On ne pourrait pas dire : *tout le monde est médit par le méchant*, parce que le verbe *médire* n'exprime une action qu'avec le secours du conductif *de*. Un verbe actif est aisé à distinguer, en ce qu'il peut être suivi des mots *quelqu'un*, *quelque chose*, employés tout seuls : *flatter quelqu'un ; approuver quelque chose.*

Tout verbe doit être du même nombre et de la même personne que son sujet : *je suis ; nous écoutons ; il se promène ; ils nuisent.*

Quatre des modes, l'*indicatif*, le *conditionnel*, l'*impératif* et le *subjonctif* sont appelés *modes personnels*, parce qu'ils sont susceptibles de la différence des personnes ; l'*infinitif* n'admettant pas cette distinction, puisqu'il exprime toujours l'action d'une manière vague, est nommé *mode impersonnel*.

CHAPITRE X.

━━ ○○ ━━

Du Passé.

Le *passé* est invariable. Le sujet n'exerce aucune influence sur le passé : *ils ont* RÉPONDU *à notre attente ; les dix ans qu'il a* VÉCU, *il les a* VÉCU *heureux* ; les pronoms *que* et *les* qui se présentent sous la forme d'un complément, sont des conductivés équivalant à *durant lesquels : les dix ans* DURANT LESQUELS *il a vécu, il a vécu heureux pendant eux.*

Le verbe *être* étant employé pour *avoir* dans les verbes pronominaux, on écrira avec le passé : *ils se sont* ADRESSÉ *une lettre ; ils se sont* ÉCRIT ; c'est comme s'il y avait : *ils ont* ADRESSÉ *à eux une lettre ; ils ont* ÉCRIT *à eux.* Il en est de même des verbes *se plaire, se déplaire, se complaire, se rire, se sourire, se parler, se succéder, se nuire, se convenir, se ressembler* et *se suffire : nous nous sommes* NUI, *nous nous sommes* PLU.

On emploie également le passé entre deux *que*, l'un pronom et l'autre conductif : *la réponse* QUE *j'avais* PRÉVU *qu'on me ferait.* On voit que le pronom QUE est complément de *vous ferait.* On doit écrire avec le passé : *la famine arriva ainsi que Joseph l'avait* PRÉDIT. L'équivalant à *cela* représente un membre de phrase : *la famine arriva ainsi que Joseph avait* PRÉDIT *qu'elle arriverait.* On écrira avec le passé : *cette romance est charmante, je l'ai* ENTENDU *chanter.* J'ai entendu quoi ? *chanter elle ; ils se sont* LAISSÉ *surprendre.* Ils ont laissé quoi ? *surprendre eux.*

L'infinitif est quelquefois sous-entendu à la suite du

passé des verbes *devoir*, *vouloir*, *pouvoir : je lui ai rendu tous les services que j'ai* DU; sous-entendu, *lui rendre*, etc.

Du Participe.

Le *participe* est toujours invariable ; il exprime une action et peut se remplacer par un autre temps du verbe précédé de *qui*, ou d'un des conductifs *lorsque*, *parce que*, etc. : *ces hommes*, PRÉVOYANT *le danger*, *sortirent de la ville*. On peut dire : *qui prévoyaient*, etc.

Du Proadjectif.

Le *proadjectif* s'accorde, comme l'adjectif, en genre et en nombre avec le mot auquel il se rapporte : *il avait la figure* RUISSELANTE *de sueur ; où est ton livre? je l'*AI PERDU *; où sont tes livres? je les* AI PERDUS; *les lettres qu'ils se sont* ADRESSÉES. Les proadjectifs *perdu*, *perdus*, *adressées* s'accordent chacun avec son pronom respectif qui le précède. *Je les ai* LAISSÉS *partir*. J'ai laissé *qui? eux partir*. Le proadjectif *laissés* s'accorde avec le pronom *les*. *Il nous a* ENTENDUS *blâmer son imprudence*. Le proadjectif *entendus* se rapporte à *nous*, parce qu'on peut dire : *il nous a entendus* BLAMANT *son imprudence*.

Les règles que nous venons de donner suffisent pour résoudre toutes les difficultés du passé et du proadjectif. Cependant, comme l'application de ces règles peut présenter quelque embarras, nous allons, pour la rendre plus facile, ajouter ici quelques remarques particulières.

1re REMARQUE. Le passé d'un verbe unipersonnel ne peut jamais se convertir en proadjectif : *il est* ARRIVÉ *de grands malheurs ; il s'est* GLISSÉ *une erreur ; les mauvais temps qu'il y a* EU *; les chaleurs qu'il a* FAIT.

Dans le premier exemple, *arrivé* est un passé, parce qu'il est précédé du mot vague *il*. Le second exemple est sous la même règle que le premier.

Dans les deux derniers exemples, il ne s'agit pas de mauvais temps *eu*, ni de chaleurs *faites* par quelqu'un ; les verbes *avoir* et *faire* ont abandonné leur signification active, pour marquer simplement l'existence, et le *que* relatif qui précède n'est le complément d'aucun verbe : c'est une bizarrerie grammaticale.

2ᵉ REMARQUE. On écrira avec le passé : *nous nous sommes* IMAGINÉ ; *ils se sont* ARROGÉ *des droits ; elles se sont* PARLÉ ; *cette perfidie a eu lieu comme je l'avais* SUPPOSÉ ; *il fit taire ceux qu'il avait* FAIT *parler si bien.*

Dans les trois premiers exemples, *imaginé, arrogé, parlé*, sont des passés, attendu que l'on ne peut pas dire : *nous avons* IMAGINÉ *nous ; ils ont* ARROGÉ *soi ; elles ont* PARLÉ *soi.*

Dans le quatrième exemple, *l'* signifie cela : *cette perfidie a eu lieu comme j'avais supposé qu'elle aurait lieu.*

Dans le cinquième exemple, *fait* est un passé, parce que ce verbe, suivi d'un infinitif, ne forme, pour ainsi dire, qu'un seul verbe, et que le complément n'appartient ni à *fait* ni à l'infinitif : *les personnes que j'avais* DÉSIRÉ *de voir sont ici ; il nous a* RECOMMANDÉ *de lui écrire ; ils se sont* PROPOSÉ *de l'accompagner.* J'avais désiré *quoi ?* de voir les personnes ; il nous a recommandé *quoi ?* de lui écrire ; ils ont proposé à eux *quoi ?* de l'accompagner. Les mots *désiré, recommandé* et *proposé* sont donc des passés.

3ᵉ REMARQUE. *Les peines que cette affaire m'a* COUTÉES ; *les honneurs que cette place m'a* VALUS : *coûtées* et *valus* sont des proadjectifs, parce qu'ici *coûter* et *valoir* sont employés activement et précédés de leur complément *que*, pronom.

———

CHAPITRE XI.

De l'Adverbe.

Dessus, dessous, dedans, dehors, étant des *adverbes,* ne veulent pas de conductivé ; ainsi ne dites pas : DESSUS *la terre ;* DESSOUS *le ciel ;* dites : SUR *la terre,* SOUS *le ciel.*

Excepté : 1° quand ils sont employés en opposition : *les ennemis sont* DEDANS *et* DEHORS *la ville ;* 2° lorsqu'ils sont précédés d'un conductif : PAR-DESSUS *les murs ; on a tiré cela de* DESSOUS *la table.*

Alentour, aupararant, davantage, rejettent également tout conductivé ; ne dites pas : *alentour* DE, *auparavant* DE, *auparavant* QUE, *davantage* QUE ; dites : *autour de, avant de, avant que, plus de, plus que.*

Davantage ne doit pas non plus s'employer dans le sens de *le plus ;* au lieu de dire : *de toutes les fleurs la rose est celle qui me plaît* DAVANTAGE, dites : *qui me plaît* LE PLUS.

Plus tôt a rapport au temps, et a pour opposé *plus tard : il partira* PLUS TOT. *Plutôt* éveille une idée de préférence : *je mourrai* PLUTOT *que de le souffrir.*

Si, aussi, se joignent aux adjectifs et aux adverbes : SI *modeste,* AUSSI *éloquent ;* SI *modestement,* AUSSI *éloquemment ; tant, autant,* aux autres mots : TANT *d'éloquence,* AUTANT *de préjugés ; il travaille* TANT ; AUTANT *estimé que chéri.*

Si ne peut qualifier les locutions adverbiales ; on ne doit donc pas dire : *il était* SI *en peine ; si en colère ;* SI *à propos ;* il faut dire : SI FORT *en peine ;* SI FORT *en colère ; il était* SI BIEN *à son aise ; il est venu* SI BIEN *à propos.*

Aussi, *autant*, expriment la comparaison : *César était* AUSSI *éloquent que brave ; on l'admirait* AUTANT *qu'on le craignait. Si*, *tant*, marquent l'extension : *il est* SI *faible ; il a* TANT *fatigué.*

Les deux termes d'une comparaison s'unissent par le conductif *que* : *il est aussi sage* QUE *vaillant.*

De suite, successivement, sans interruption : *il ne saurait dire deux mots* DE SUITE.

Tout de suite, sur-le-champ : *il faut que les enfants obéissent* TOUT DE SUITE.

Tout-à-coup, soudainement : *cette maison est tombée* TOUT-A-COUP. *Tout d'un coup*, tout d'une fois : *il a gagné trois mille francs* TOUT D'UN COUP.

EMPLOI DE LA NÉGATION.

La *négation* se compose de *ne*, *ne pas*, *ne point* : *je n'ose*, *je n'ose pas*, *je n'ose point*. *Ne* est la plus faible des négations, *ne point* est la plus forte, *ne pas* tient le milieu.

Les subjonctives *à moins que*, *de peur que*, *de crainte que*, et le verbe *empêcher*, veulent toujours après eux la négation *ne* : *à moins que vous* NE *lui parliez ; de peur qu'on* NE *vous trompe.*

La négation *ne* s'emploie également après *autre*, *autrement*, *plus*, *mieux*, *moins*. *meilleur*, et les verbes *craindre*, *avoir peur*, *trembler*, *appréhender* : *il est tout autre qu'il* N'*était ; il parle autrement qu'il* N'*agit ; il est plus modeste qu'il* NE *le paraît ; je crains qu'il* NE *vienne.*

EXCEPTION. L'emploi de *ne* cesse d'avoir lieu quand le verbe de la proposition précédente est accompagné d'une négation : *il* NE *parle pas autrement qu'il agit ; il* N'*est pas plus modeste qu'il le paraît ; je* NE *crains pas qu'il vienne.*

Après *craindre*, *appréhender*, *avoir peur*, *trembler*, on met *ne pas* au lieu de *ne*. quand on souhaite l'accomplissement de l'action exprimée par le second verbe : *je crains qu'il* NE *réussisse* PAS.

Nier, *désespérer*, *disconvenir*, *douter*, sont suivis de *ne*, seulement quand ils sont accompagnés d'une négation : *je ne nie pas*, *je ne doute pas que cela* NE *soit ;* mais on dirait sans la négation : *je nie*, *je doute que cela soit*, parce que les verbes *nier*, *douter* sont employés affirmativement.

Les subjonctives *avant que*, *sans que*, et le verbe *défendre*, ne sont jamais suivis de *ne : avant qu'il fasse froid ; j'ai défendu que vous fissiez.*, etc.

On supprime *pas* et *point*, quand il y a dans la proposition une expression dont le sens est négatif, comme *jamais*, *guère*, *nul*, *nullement*, *aucun*, *rien*, *personne*, *ni* répété, *ne…. que* signifiant *seulement : un méchant* NE *sait* JAMAIS *pardonner ; il* NE *faut* RIEN *dire qui puisse attaquer la réputation d'un homme de bien ; Titus* NE *passait* AUCUN *jour sans faire une bonne action ; je* NE *vois* PERSONNE *qui ne vous loue ; il n'a* NI *talents* NI *bonne volonté ; l'honnête homme* NE *connaît* QUE *ses devoirs.*

CHAPITRE XII.

Du Conductif.

Le mot qui suit un *conductif* se nomme *conductivé*. Si un conductif est accompagné d'un ou de plusieurs mots qui soient sous son influence, cet assemblage de mots se nomme *conductive*. Quelques conductifs prennent le nom de *subjonctives* quand ils régissent le subjonctif.

Les conductifs, qui sont tantôt simples, tantôt composés, servent à marquer *la place* ou *le lieu* : *à , dans, en , de, chez, devant , après, derrière, parmi , sur , sous , vers,* comme *aller* A *Rome ; venir* DE *la province ,* etc. ; à marquer l'ordre : *avant , entre. dès, depuis,* comme *la nouvelle est arrivée* AVANT *le courrier ;* DEPUIS *Paris jusqu'à Orléans,* etc. ; à marquer l'union : *avec , pendant, durant , outre , selon , suivant,* comme *voyager* AVEC *son ami ;* DURANT *la guerre,* etc. ; à marquer séparation : *sans , hors , excepté,* comme *tout est perdu* HORS *l'honneur,* etc. ; à marquer opposition : *contre , malgré , nonobstant ,* comme *il est parti* MALGRÉ *moi;* à marquer le but : *envers , touchant , pour ,* comme *charitable* ENVERS *les pauvres ;* à marquer la cause , le moyen : *par , moyennant, attendu ,* comme *fléchir* PAR *ses prières ;* à marquer la liaison : *et , ni , aussi , que;* à marquer opposition : *mais , cependant , néanmoins , pourtant;* à marquer division : *ou, ou bien , soit ;* à marquer exception : *sinon, quoique;* à comparer : *comme, de même que, ainsi que;* à ajouter : *de plus, d'ailleurs, outre que , encore ;* à rendre raison : *car , parce que, puisque , vu que;* à marquer l'intention : *afin que , de peur que;* à conclure : *or , donc , ainsi , de sorte que ;* à marquer le temps : *quand, lorsque, comme , dès que , tandis que ;* à marquer le doute : *si , supposé que, pourvu que, en cas que.*

Il y a plusieurs autres conductifs ; l'usage les fera connaître : le plus ordinaire est *que.*

La conductive *au travers* veut de : *au travers* D'*un buisson ; à travers les champs.*

Entre se dit de deux objets : *entre Rome et Carthage. Parmi* se dit d'une collection d'objets : *parmi les hommes ; parmi la foule.* Cependant on doit employer *entre* au lieu de *parmi ,* lorsqu'il s'agit d'une action ou d'un sentiment qui suppose de la réciprocité : *il est facile de diviser les méchants* ENTRE *eux.*

Voici a rapport à ce qui suit, et *voilà*, à ce qui précède.

> *Voici* trois médecins qui ne se trompent pas :
> Gaîté, doux exercice et modeste repas.

> La droiture du cœur, la vérité, l'innocence, l'empire sur ses passions, *voilà* la véritable grandeur. (MASSILLON.)

A, *de*, *en*, se répètent toujours avant chaque conductivé : *il dut la vie* A *la clémence et* A *la magnanimité du vainqueur ; il est doux* DE *servir sa patrie et* DE *contribuer à sa gloire ; on trouve les mêmes préjugés* EN *Europe*, EN *Asie*, EN *Afrique et jusqu'*EN *Amérique*.

Les conductifs doivent se répéter, quand les conductivés n'offrent aucune ressemblance de signification : DANS *la paix et* DANS *la guerre* ; PAR *la force et* PAR *l'adresse* ; AVEC *courage et* AVEC *inhumanité*. Au contraire, ils ne se répètent pas, quand les conductivés sont des expressions synonymes : DANS *la mollesse et l'oisiveté* ; PAR *la force et la violence* ; AVEC *courage et intrépidité* ; A TRAVERS *les dangers et les obstacles*.

Et, *ni*, ajoutent à la pensée ; mais *et* y ajoute affirmativement, et *ni*, négativement. D'où il suit qu'on emploie *et* :

1° Pour unir les propositions incidentes qui dépendent d'une proposition principale affirmative : *il croit que la terre est une planète*, ET *qu'elle tourne autour du soleil*.

2° Pour unir les parties semblables d'une proposition affirmative : *il cultive les lettres* ET *les sciences*.

Qu'on emploie *ni* :

1° Pour unir les propositions incidentes qui dépendent d'une proposition principale négative *il ne croit pas que la terre soit une planète*, NI *qu'elle tourne autour du soleil*.

2° Pour unir les parties semblables d'une même proposition négative : *il ne cultive pas les lettres* NI *les sciences*. Il est plus élégant de supprimer *pas* et *point* et de répéter *ni* : *il ne cultive* NI *les lettres* NI *les sciences.*

Et précède *sans*; *ni* le remplace :

Sans joie et *sans* murmure elle semble obéir.
Sans crainte *ni* pudeur, *sans* force *ni* vertu. (RACINE.)

Plus, *mieux*, *moins*, *autant*, placés au commencement de deux membres de phrase, ne doivent pas être unis par le conductif *et* : *plus on lit Racine, plus on l'admire,* etc.

Que forme, à l'aide du conductif *de*, certains tours de phrase propres à la langue française, et qu'on appelle, pour cette raison, *gallicismes* : *c'est peu* QUE DE *posséder des richesses, c'est un devoir* QUE D'*obliger ses amis.* L'usage permet de supprimer *que*, et de dire : *c'est peu de posséder des richesses ; c'est un devoir d'obliger ses amis*, etc. C'est le goût qui en décide.

On doit éviter la répétition de certains conductifs, comme *quand*, *lorsque*, *si*, *quoique*, *comme*, etc. QUAND *on est riche et* QU'*on est généreux, on ne manque pas d'amis; que* remplace *quand.*

CHAPITRE XIII.

De l'Interjection.

Ah ! exprime la joie, la douleur : *Ah ! quel bonheur ! Ah! que je souffre!*

Ha ! marque la surprise : *Ha ! vous voilà ! Ha ! Ha ! je n'en savais rien !*

Oh ! exprime la surprise ou l'affirmation : *Oh! Oh! je croyais le contraire! Oh! pour le coup je vous tiens !*

Ho ! sert à appeler : *Ho ! venez ici !* Il marque aussi la surprise : *Ho ! que faites-vous là ?*

O ! sert à l'apostrophe oratoire : *O mon fils ! adorez Dieu , et ne cherchez pas à le comprendre.*

Eh ! peint la douleur, la plainte :

> *Eh ! qui n'a pas pleuré quelque perte cruelle ?*   (DELILLE.)

Hé ! s'emploie pour appeler, pour avertir : *Hé ! venez donc ! Hé ! que dites-vous ?*

DE LA SYNTAXE.

CHAPITRE PREMIER.

La *syntaxe* a pour objet l'emploi et la construction des mots ; elle fixe les inflexions ou terminaisons sous lesquelles ils doivent paraître dans la proposition , et la place qu'ils doivent y occuper.

On appelle *proposition* l'énonciation d'un jugement. Quand je dis : *Dieu est juste* , il y a là une proposition, car je juge que la qualité de *juste* convient à *Dieu.*

Il y a dans une phrase autant de propositions qu'il y a de verbes à un mode personnel. Ainsi, dans cette phrase : *la défiance blesse l'amitié* , *le mépris la tue* , il y a deux verbes à un mode personnel : *blesse* et *tue ;* il y a conséquemment deux propositions.

La proposition , considérée grammaticalement , a autant de parties qu'elle a de mots ; considérée logi-quement, elle n'en contient que trois : le *sujet* , le *verbe* et l'*attribut.*

Le *sujet* est l'objet du jugement ; c'est l'idée prin-cipale. L'*attribut* est la manière d'être du sujet , la qualité qu'on juge lui appartenir; c'est l'idée accessoire. Le *verbe* lie l'attribut au sujet ; c'est le mot qui af-firme que la qualité exprimée par l'attribut convient ou ne convient pas au sujet. Dans cette phrase : *Dieu est juste* , *Dieu* exprime l'être qui est l'objet du juge-ment que je porte , voilà le sujet ; *juste* exprime la qualité attribuée à Dieu , voilà l'attribut ; *est* exprime la liaison de l'attribut avec le sujet , voilà le verbe.

Le *sujet* est toujours exprimé ou par un nom, ou par un pronom, ou par un infinitif. Le *verbe* est toujours *être*, soit distinct, comme dans cette phrase : *la vertu est aimable* ; soit combiné avec le participe, comme dans celle-ci : *je lis*, *tu écris*, qui sont pour *je suis lisant*, *tu es écrivant*. L'*attribut* est énoncé ou par un adjectif, ou par un participe, ou par un proadjectif, ou par un nom, ou par un pronom : *le mérite est modeste*, *on le recherche*, c'est-à-dire, *on est recherchant lui* ; *il est estimé* ; *médire est une infamie* ; *ces livres sont les miens*.

Dans la première proposition, le nom *mérite* est le sujet, et l'adjectif *modeste*, l'attribut. Dans la seconde, le pronom *on* est le sujet, et le participe *recherchant*, l'attribut. Dans la troisième, le pronom *il* est le sujet, et le proadjectif *estimé*, l'attribut. Dans la quatrième, l'infinitif *médire* est le sujet, et le nom *infamie*, l'attribut. Dans la cinquième, le nom *livres* est le sujet, et le pronom *les miens*, l'attribut.

Outre ces trois parties logiques, il en existe une quatrième, purement grammaticale, ne servant qu'à faciliter l'émission complète de la pensée : c'est le *complément* ou le *conductivé*.

Par *complément* ou *conductivé logique*, on désigne tout ce qui sert à l'achèvement du sujet ou de l'attribut. Quand je dis : *l'homme avare est un être malheureux*, le sujet est *l'homme*, le verbe est *est*, et l'attribut, *un être*. Mais le sujet et l'attribut, ainsi séparés des mots *avare* et *malheureux*, ne présentent pas un sens achevé ; ils ont besoin, pour offrir une signification complète, que j'ajoute, au premier, l'adjectif *avare*, et au second, l'adjectif *malheureux*. Ainsi, *avare* et *malheureux* complètent le sujet et l'attribut ; ils en sont donc les *compléments*.

Dans cette autre phrase : *la culture de l'esprit élève l'homme*, le sujet est *la culture*, le verbe, *est*, et l'attribut, *élevant*. Il reste *de l'esprit*, *l'homme*. La *culture* de quoi ? de l'esprit. *De l'esprit* complète la pensée

commencée par le sujet, il en est le conductivé. *Ele-*
vant quoi ? *l'homme*. *L'homme* complète la pensée
commencée par l'attribut, il en est le complément.

Je lui donne ce conseil pour son bonheur. Je suis
donnant, JE, sujet, SUIS, verbe, DONNANT, attribut.
Ce dernier a un complément et deux conductivés : *don-*
nant quoi ? *ce conseil ; donnant* à qui ? *à lui ; donnant*
pourquoi ? *pour son bonheur*.

Celui qui pratique la vertu, est un homme qui mé-
rite notre estime. CELUI, sujet, EST, verbe, UN HOMME,
attribut. Mais *celui* ne présente un sens complet qu'à
l'aide de la proposition *qui pratique la vertu ;* cette
proposition, qui complète le sujet *celui*, en est le
complément. *Un homme*, attribut, est dans le même
cas : sa signification se complète par le moyen de la
proposition *qui mérite notre estime ;* la proposition
qui mérite notre estime est donc le complément d'*un*
homme, attribut.

Tous les mots qui se rapportent au complément font
partie de ce complément : *l'homme constant dans ses*
principes, jouit de l'estime des honnêtes gens. Le
complément logique du sujet est *constant dans ses prin-*
cipes, et celui de l'attribut, *de l'estime des honnêtes*
gens.

On voit par ce qui précède que tous les mots qui
figurent dans une proposition, quelque nombreux qu'ils
puissent être, et quelle qu'en soit la nature, se rapportent tous au sujet et à l'attribut, pour en compléter
la signification.

Le verbe *être* ne peut avoir aucune espèce de complément, parce qu'il a par lui-même une signification
complète. Lorsque je dis : *je suis à votre service ; vous*
êtes dans l'erreur ; votre service est un conductivé qui
dépend du conductif *à ; l'erreur* est également un conductivé sous la dépendance du conductif *dans*.

Le sujet et l'attribut sont *simples* ou *composés, in-*
complexes ou *complexes*.

Le sujet est simple, quand il n'exprime qu'un seul

5

être ou des êtres de même espèce pris collectivement :
LA VERTU *est préférable aux richesses*, *et cependant*
LES RICHESSES *lui sont souvent préférées.*

Le sujet est composé, quand il exprime des êtres
qui ne sont pas de la même espèce : *la Foi*, *l'Espé-*
rance et la *Charité sont des vertus théologales.*

L'attribut est simple, quand il n'exprime qu'une
manière d'être du sujet : *le ciel est pur ; l'homme pense*,
c'est-à-dire *est pensant.*

L'attribut est composé, lorsqu'il exprime plusieurs
manières d'être du sujet : *Dieu est juste et tout-puis-*
sant.

Le sujet et l'attribut sont incomplexes, quand ils ont
par eux-mêmes une signification complète, c'est-à-dire
quand ils n'ont ni complément ni conductivé : *le soleil*
est lumineux ; la terre tourne, c'est-à-dire *la terre*
est tournant.

Le sujet et l'attribut sont complexes, lorsqu'ils n'offrent une signification complète qu'à l'aide d'un complément ou d'un conductivé : *une mauvaise conscience*
n'est jamais tranquille ; la gloire de l'homme con-
siste dans la vertu.

Tous les mots qui se rapportent au sujet et à l'attribut comme compléments, conductivés, font partie du
sujet et de l'attribut : *un jeune enfant de cette tribu*
déposa alors les offrandes sur l'autel, le sujet logique
est *un jeune enfant de cette tribu*, et l'attribut logique
est *déposa alors les offrandes sur l'autel.*

Il y a deux sortes de propositions : la *principale* et
l'*incidente.*

La proposition principale est celle dont les autres
dépendent.

La proposition incidente est celle qui est ajoutée à un
des termes d'une autre proposition, pour en compléter
la signification.

Le mot qui lie presque toujours une proposition incidente à la proposition qu'elle complète, est un *pro-*
nom relatif ou un *conductif.*

MODÈLE D'ANALYSE.

Les hommes sont faibles.

Cette proposition est une principale. Le sujet est *hommes* ; simple , parce qu'il exprime des êtres de la même nature ; et incomplexe , parce qu'il n'a pas de complément ou de conductivé. Le verbe est *sont.* L'attribut est *faibles ;* simple , parce qu'il n'exprime qu'une manière d'être du sujet , et incomplexe , n'ayant pas de complément ou de conductivé. Voilà l'analyse logique. Voici l'analyse grammaticale ou des mots; elle est essentielle.

Les hommes sont faibles.

Les , article masculin pluriel , déterminant *hommes* , nom avec lequel il s'accorde en genre et en nombre.

Hommes , nom masculin pluriel , sujet de *sont.*

Sont , verbe substantif , à la troisième personne plurielle de l'indicatif présent (premier mode) , s'accordant avec son sujet, *hommes,* en nombre et en personne.

Faibles , adjectif masculin pluriel, s'accordant avec le nom *hommes* en genre et en nombre.

Je m'enfonçai dans un bois sombre.

Je , pronom personnel de la première personne singulière , sujet de *enfonçai.*

M' pour *me,* pronom de la première personne singulière , complément de *enfonçai.*

Enfonçai, verbe pronominal, à la première personne singulière du passé défini (premier mode) , s'accordant avec son sujet, *je,* en nombre et en personne.

Dans , conductif.

Un , adjectif numéral masculin singulier , s'accordant avec *bois* en genre et en nombre.

Bois , nom masculin singulier , conductivé.

Sombre , adjectif masculin singulier , s'accordant avec *bois* en genre et en nombre.

CHAPITRE II.

De la Ponctuation et des Signes orthographiques.

La *ponctuation* sert à marquer la distinction des sens et les pauses qu'on doit faire en lisant.

Les signes de ponctuation sont la *virgule*, le *point-virgule*, les *deux points*, le *point*, le *point interrogatif* et le *point exclamatif*.

DE LA VIRGULE.

On emploie la virgule :

1° Pour séparer entre elles les parties semblables d'une même proposition, comme les *sujets*, les *attributs* et les *compléments*, ou pour distinguer deux ou plusieurs propositions :

La fraude, le parjure, les procès, les guerres ne font jamais entendre leur voix dans ce séjour chéri des Dieux. (FÉNÉLON.)

Tout reconnaît ses lois, ou brigue son appui. (BOILEAU.)

On se menace, on court, l'air gémit, le fer brille. (RACINE.)

Mais on dit sans la virgule : *je lirai* ou *j'écrirai ;* *il n'a pas reçu votre lettre* NI *la mienne*, parce que les parties, unies par les conductifs *ou*, *ni*, n'excèdent pas ensemble la portée de la respiration.

2° Avant et après toute réunion de mots, ou tout mot que l'on peut retrancher sans dénaturer le sens de la phrase ; telles sont les propositions incidentes explicatives, les mots en apostrophe, les conductivés qui expriment une circonstance dont le verbe peut à la rigueur se passer :

Les passions, qui sont les maladies de l'âme, ne viennent que de notre révolte contre la raison.

Sont-ce là , ô *Télémaque* , les pensées qui doivent occuper le cœur
du fils d'Ulysse.

Le Bosphore m'a vu , *par de nouveaux apprêts* ,
Ramener la terreur du fond de ses marais.   (Racine.)

3° Pour distinguer les différentes parties d'une phrase :
l'étude rend savant, et la réflexion rend sage.

DU POINT-VIRGULE.

Le *point-virgule* se met entre deux phrases dont l'une
dépend de l'autre : *la douceur est à la vérité une vertu;
mais elle ne doit pas dégénérer en faiblesse.*

DES DEUX-POINTS.

Les *deux points* se mettent après une phrase finie, mais
suivie d'une autre qui sert à l'étendre ou à l'éclaircir :
*il ne faut jamais se moquer des misérables : car qui
peut se flatter d'être toujours heureux ?*
Les *deux points* se mettent encore après une proposition générale suivie de détails : *tout plaît dans les
synonymes de l'abbé Girard : la finesse des remarques,
la justesse des pensées , le choix des exemples.*

DU POINT.

Le *point* se met à la fin des phrases , quand le sens
en est entièrement fini : *le mensonge est le plus bas de
tous les vices.*

DU POINT INTERROGATIF ET DU POINT EXCLAMATIF.

Le *point interrogatif* s'emploie à la fin d'une phrase
où l'on interroge , et le *point exclamatif* à la fin de celle
qui marque la surprise , la terreur, enfin quelque sentiment, quelque émotion : *où porté-je mes pas ? quoi
de plus beau que la vertu?*

A tous les cœurs bien nés que la patrie est chère ! (Corneille.)

L'interrogation qui est dans la pensée, peut déterminer l'emploi du point interrogatif : *tu ne leur portes point à boire ?* c'est comme s'il y avait : *est-ce que tu ne leur portes point à boire ?* Mais on dira sans ce point : *lui fait-on quelque reproche, aussitôt il s'emporte ;* car, bien que la forme de la phrase soit interrogative, le sens ne l'est pas ; c'est comme s'il y avait : *si on lui fait quelque reproche, aussitôt il s'emporte.*

DES ACCENTS.

Il y a trois accents : l'accent *aigu* (´), l'accent *grave* (`), et l'accent *circonflexe* (^).

L'accent *aigu* se met sur tous les *é* fermés qui terminent la syllabe : *vérité; il a donné.* Ainsi, *rocher, nez,* s'écriront sans accent aigu, parce que ce n'est point l'*é* fermé, mais les consonnes *r, z,* qui terminent la syllabe.

L'accent *grave* s'emploie, 1° sur les *è* ouverts qui terminent la syllabe ou qui précèdent la consonne finale *s* : *père, discrète, excès, après.* L'*è* est ouvert toutes les fois qu'il termine la syllabe, et qu'il est suivi d'une consonne et d'un *e* muet : *misère, je mène.* Sont exceptés les noms en *ége,* comme *piége, manége,* les interrogations *aimé-je ? donné-je ?* et ces phrases exclamatives *puissé-je ; dussé-je,* où l'avant-dernier *é* est fermé; 2° comme signe de distinction sur *à* et *dès,* conductifs, *là* et *où,* adverbes, pour qu'ils ne soient pas confondus avec *a,* verbe, avec *des,* article composé, avec *la,* article ou pronom, avec *ou,* conductif; 3° sur *çà, deçà, en deçà, déjà, holà, voilà.*

L'accent *circonflexe* s'emploie, 1° lorsqu'il y a allongement de son et suppression de lettre, comme dans *âge, épître, tête,* qu'on écrivait autrefois *aage, épistre, teste.* C'est ce qui a lieu à l'égard de l'*i* des verbes en *aître* et en *oître,* dans tous les temps où cette voyelle est suivie de *t* : il *paît,* il *paraît,* il *accroîtra,* etc. : de l'*o* qui précède les finales *le, me, ne* : *pôle, dôme, trône;* des pronoms possessifs *le nôtre, le vôtre ;* de la première et de la seconde personne plurielle du passé défini : *nous allâmes, vous fîtes ;* de la troisième personne singulière de l'imparfait du subjonctif : *qu'il allât, qu'il fît ;* enfin, à l'égard des adjectifs *mûr, sûr ;* 2° comme signe de distinction sur *dû, redû, mû, crû,* passés des verbes *devoir, redevoir, mouvoir, croître.*

DE L'APOSTROPHE.

L'*apostrophe* marque la suppression d'une des voyelles *e, i, a*.

E se supprime, 1° dans *je, me, te, se, de, que, se, le, ne,* devant une voyelle ou une *h* muette : *j'aime,* L'*essai,* L'*homme,* etc. ; 2° dans *lorsque, puisque, quoique,* seulement devant *il, elle, on, un, une : lorsqu'il parle, puisqu'elle le veut,* etc. ; 3° dans *entre* et *presque,* seulement lorsqu'ils entrent dans la composition d'un autre mot : *entr'acte, entr'aider, presqu'île ;* 4° dans *quelque,* seulement devant *un, autre. quelqu'un, quelqu'autre ;* 5° dans *grand'mère, grand'messe, grand'chambre, grand'chose, grand'peine, grand'peur.*

I se supprime seulement dans le conductif *si,* devant *il, ils : s'il vient, s'ils disent.*

A se supprime dans *la,* devant une voyelle ou une *h* muette : L'*âme,* L'*histoire ; je l'estime,* pour *je la estime.*

DE LA CÉDILLE.

La *cédille* se place sous le *c* devant les voyelles *a, o, u,* pour lui donner le son du *s : façade, leçon, reçu.*

DU TRÉMA.

Le *tréma* est un double point qu'on met sur une voyelle pour la faire prononcer séparément de celle qui précède : *naïf, Saül, ciguë.*

DU TRAIT D'UNION.

Le *trait d'union* sert à marquer la liaison entre deux ou plusieurs mots :

1° Entre le verbe et les pronoms *je, moi, tu, toi, nous, vous, il, ils, elle, elles, le, la, les, lui, leur, y, en, ce, on*, quand ces pronoms sont placés après un verbe dont ils sont le sujet ou le complément : *irai-je, laisse-moi, allez-y, portes-en*, etc. S'il y a deux pronoms, on emploie deux traits d'union : *laisse-le-moi*, etc.

2° Avant et après la lettre euphonique *t* : *ira-t-on, va-t-elle?* On doit écrire *va-t'en*, et non *va-t-en*, parce que le *t* est le pronom *te*, et non une lettre euphonique.

3° Avant ou après *ci*, *là*, accompagnant un nom, un pronom, un conductif, un adverbe avec lesquels ils sont unis d'une manière inséparable : *celui-ci, celui-là, ces gens-ci, ces hommes-là, ci-dessus, ci-contre, là-dessus, là-haut*, etc.

4° Pour lier *même* au pronom qui précède : *moi-même, toi-même, eux-mêmes*, etc.

5° Pour remplacer le conductif *et* devant un nombre qui ne passe pas dix-neuf : *dix-sept, vingt-deux, trente-quatre, quarante-deux, cinquante-cinq, soixante-deux, soixante-douze, soixante-dix-neuf*. Ces expressions numériques sont pour *dix* et *sept, vingt* et *deux*, etc., qui ne se disent pas. L'usage veut qu'on écrive *quatre-vingts* avec un trait d'union, bien que le sens n'admette pas le conductif *et* entre *quatre* et *vingt* : ils sont *quatre-vingts, quatre-vingt-dix*, etc.

6° Pour lier deux ou plusieurs mots qui, par le sens, n'en font qu'un : *Marc-Aurèle, chef-lieu, s'entre-choquer, Seine-et-Marne, contre-allée*.

DE LA PARENTHÈSE.

La *parenthèse* sert à renfermer certains mots qui, bien qu'on puisse les retrancher de la phrase, servent cependant à son éclaircissement : *celui qui évite d'apprendre* (dit le sage) *tombera dans le mal.*

DE L'EMPLOI DES CARACTÈRES OU LETTRES.

Les consonnes finales des mots primitifs sont presque toujours indiquées par la dérivation. Ainsi, les consonnes *c*, *d*, *g*, *l*, *m*, *n*, *p*, *r*, *s*, *t*, terminent les mots *accroc*, *accrocher*; *bond*, *bondir*; *rang*, *ranger*; *fusil*, *fusiller*; *faim*, *famine*; *bon*, *bonne*; *champ*, *champêtre*; *galop*, *galoper*; *berger*, *bergère*; *dispos*, *disposer*; *avocat*, *avocate*; *charmant*, *charmante*. Cette règle s'applique à un nombre immense de mots; mais elle est sujette à des exceptions.

Les mots dérivés conservent la même orthographe que leurs primitifs, dans les syllabes qui ont le même son : *innocent*, *innocence*; *abondant*, *abondance*.

Leur ne prend jamais *s* à la fin, quand il est joint à un verbe.

Vous, employé pour *tu*, veut le verbe au pluriel, mais l'adjectif suivant reste au singulier.

On doit commencer par une lettre capitale, chaque phrase, chaque vers, tous les noms propres, tous les noms de dignité, tous ceux de lieux, tous ceux de peuples, tous ceux de sectes, tous ceux de rivières, de montagnes, de vents, enfin tous ceux de science, d'art, de métier, s'ils sont pris dans un sens individuel qui distingue la science, l'art, le métier, de toute autre science, de tout autre art, de tout autre métier.

Lorsque les noms de peuple, de secte, n'embrassent pas la totalité, la lettre capitale cesse d'avoir lieu : *un français*, *un protestant*, *des allemands*.

CHAPITRE III.

De la Prononciation et de la Lecture.

A ne se prononce pas dans *août*, *aoriste*, *Saône*, *taon*, etc.

An, *in*, *on*, et tout autre son nasal, terminent-ils un mot, on ne fait la liaison de *n* final avec la voyelle qui commence le mot suivant, que quand le sens n'admet aucune pause entre ces deux mots, comme dans *mon ami ; certain auteur ; on ignore.* Mais on dit sans lier la consonne *n* à la voyelle qui suit : *mon cousin est venu ; vin bon à boire ;* parce qu'on peut s'arrêter après *cousin* et *bon*.

B se prononce dans *radoub* et *rumb*.

C est nul dans *cotignac*, *estomac*, *lacs*, *broc*, *cric*, *marc* (poids), *porc*, *tabac ;* mais il sonne dans *échec* et dans *Marc* (nom d'homme). Il a le son de *g* dans *second*.

Ch se prononce comme *k* dans *catéchumène*, *Chersonèse*, *chiromancie*, *archonte*, *chaos*, *archiépiscopat*, *patriarchat*, etc.

D, à la fin des mots, prend le son de *t : grand homme, de fond en comble*, se prononcent *grant homme*, *de font en comble*.

E a le son de l'*a* dans *indemnité*, *indemniser*, *solennel*, *hennir ;* et celui de *an* au commencement de *enivrer*.

F est nul dans *cerf*, *cerf-volant*, *œufs frais*, *œufs durs*, *nerf de bœuf*, *bœuf gras*, et dans les pluriels *œufs*, *bœufs*, *nerfs*. Il sonne dans *serf*, *esclave*.

G se prononce comme un *c* au commencement de *gangrène*, et est nul dans *bourg*, *faubourg*, *legs*.

Gn se prononce *gue-n* dans *igné*, *stagnant*.

L ne sonne pas dans *baril*, *chenil*, *coutil*, *gentils hommes ;* mais il se prononce avec le son mouillé dans *gentil* (païen), *gentilhomme*.

M est nul dans *damner*, *condamner*, *automne*.

N se prononce avec ou sans nasalité à la fin des mots *examen* et *hymen*.

P ne se prononce pas dans *dompter*, *prompt*, *baptême*, *exempt*.

Q sonne dans *coq*, dans *cinq*, devant une voyelle ou une *h* muette : *cinq enfants*, *cinq hommes*. Il sonne également, lorsqu'il n'est pas suivi d'un nom : *ils étaient cinq*.

Qu a le son de *cou* dans *aquatique, équateur, équa-
tion, in-quarto*. etc. Il a celui de *cu* dans *à quia,
équestre, liquéfier, quintuple,* etc.

R se prononce à la fin des infinitifs, excepté dans
ceux de la première conjugaison, où *r* ne se fait entendre que devant une voyelle ou une *h* muette : *aimer
l'étude,* se prononce *aimé l'étude ;* et *aimer à chanter,*
se prononce *aiméra chanter.*

S est nul dans *dès que, avis, alors, mœurs,* à moins
que le mot suivant ne commence par une voyelle. Il
sonne dans *aloès, blocus, chorus, choléra-morbus,
dervis, florès, gratis, maïs, ours, sens,* etc. ; cé-
pendant *sens commun* se prononce *sen commun. S,*
entre deux voyelles, se prononce comme *z : désunir ;*
excepté dans *désuétude, préséance, présupposer.*

T final sonne dans *aspect, brut, circonspect, déficit,
distinct, dot, intact, zénit,* etc.

U se fait entendre dans *aiguiser, aiguillon, san-
guinaire.*

V, lorsqu'il est double, se prononce comme un *v*
simple.

Y, après une voyelle, a le son de deux *i : pays,
ayant,* se prononcent *pai-is, ai-iant.*

Dans le discours familier, dans la conversation et dans
la lecture ordinaire, on ne doit pas affecter de lire
toujours la consonne finale avec la voyelle qui suit. Dans
le discours soutenu, dans la lecture publique et dans
la déclamation, la liaison de la consonne finale a toujours lieu avec la voyelle suivante. Il faut cependant
excepter un petit nombre de cas où la consonne finale est
toujours muette, comme *b,* dans *plomb; d,* dans les mots
en *ard* et en *ord ;* tels sont : *dard, bord ; g,* dans
poing, seing; p, dans *drap, camp, champ,* etc.

Toutes les fois qu'on lit une phrase, on doit, par des
repos, en indiquer la ponctuation ; et ces repos ont
pour objet la distinction des sens particuliers. Le
besoin de respirer en exige d'autres: il demande qu'on
ne lise pas plus de huit syllabes sans faire une pause.

et l'on peut même reprendre haleine après sept, six, cinq, et un moindre nombre de syllabes, pourvu que le repos ait lieu entre deux mots indépendants l'un de l'autre, comme dans ces vers :

> Et le soc | de la terre | ouvrira les entrailles.
> Je ne trouve partout | que lâche flatterie.

(Les repos ont lieu où se trouvent les traits de séparation.)

La voix, par ses diverses inflexions, doit marquer les différentes nuances que présente le sens. Elle doit, par exemple, indiquer, par des changements ménagés, les mots qui forment une parenthèse, et rendre saillants, par son élévation, ceux qui, par leur importance, appellent l'attention. Dans cette phrase : *je veux*, dit le héros, *leur prouver que la peur ne peut m'atterrer*, les mots *dit le héros* doivent être prononcés d'un ton plus bas, pour marquer l'espèce d'isolement où le sens les place. Dans ce vers, au contraire,

> Que vouliez-vous qu'il fît contre trois ? — Qu'il mourût.

Qu'il mourût doit être prononcé d'un ton plus haut que le reste, parce qu'il exprime l'objet principal de la pensée.

ABRÉGÉ
DE GÉOGRAPHIE.

SECTION PREMIÈRE.

NOTIONS GÉNÉRALES.

La *Géographie* est la description de la terre. La *terre* est ronde ; elle a la forme d'un globe. L'eau couvre la plus grande partie de sa surface.

Pour déterminer la position des différentes parties de la terre, on a imaginé quatre points qu'on appelle *points cardinaux :* ce sont le *levant,* le *couchant,* le *nord* et le *midi.*

Le *levant* est le point où le soleil se lève. Le *couchant* est le point où le soleil se couche ; il est opposé au levant. Le *nord* est le point qu'on a devant soi, quand on a le levant à sa droite et le couchant à sa gauche. Le *midi* est le point opposé au nord.

Sur les cartes ordinaires, le *levant* est à droite, le *couchant* à gauche, le *nord* en haut et le *midi* en bas.

Le levant s'appelle aussi *est* ou *orient ;* le couchant, *ouest* ou *occident ;* le nord, *septentrion,* et le midi, *sud.*

On suppose quatre *points collatéraux* entre les points cardinaux ; ce sont : le *nord-est,* entre le nord et l'est, le *nord-ouest,* entre le nord et l'ouest ; le *sud-est,* entre le sud et l'est ; le *sud-ouest,* entre le sud et l'ouest.

PARTIES DU MONDE ET CONTINENTS.

La *terre* se divise en cinq parties, qui sont : l'*Europe,* l'*Asie,* l'*Afrique,* l'*Amérique* et l'*Océanie.* On les appelle les cinq parties du monde.

On appelle *continents* les plus vastes étendues de terre qu'on puisse parcourir sans traverser la mer.

Il y a deux continents. L'Europe, l'Asie et l'Afrique forment l'ancien continent. L'Amérique forme le nouveau continent.

MERS.

On donne le nom d'*océan* ou de *mer* à la vaste étendue d'eau salée qui couvre la plus grande partie du globe. On appelle encore mers, diverses parties de l'océan auxquelles on donne des noms particuliers.

On divise l'océan en quatres parties principales : l'océan *Atlantique*, qui baigne l'Europe, l'Afrique et l'Amérique ; le *grand Océan*, qui baigne l'Amérique, l'Afrique, l'Asie et l'Océanie ; l'océan *Glacial* du nord, qui baigne le nord de l'Europe, de l'Asie et de l'Amérique, et l'océan *Glacial* du sud, dans lequel on ne connaît aucune terre. L'océan Glacial du nord et celui du sud s'appellent aussi *mers Glaciales*.

SECTION DEUXIÈME.

EUROPE.

CONTRÉES.

Une *contrée* est une grande étendue de terre, ordinairement soumise au même gouvernement.

L'Europe se divise en seize contrées principales, dont quatre au nord, sept au milieu et cinq au sud.

Les quatre contrées au *nord* sont : 1° les *Iles-Britanniques*, dont la capitale est Londres ; 2° le *Danemarck*, capitale Copenhague ; 3° la *Suède*, cap. Stockholm ; 4° la *Russie*, cap. Saint-Pétersbourg.

Les sept contrées au *milieu* sont : 1° la *France*, capitale Paris ; 2° la *Belgique*, cap. Bruxelles ; 3° la *Hollande*, cap. La Haye ; 4° la *Suisse*, villes principales Bâle, Berne et Genève ; 5° l'empire d'*Autriche*, cap. Vienne; 6° le royaume de *Prusse*, cap. Berlin ; 7° les États secondaires de l'*Allemagne*, villes principales Hambourg , Hanovre , Dresde , Francfort-sur-le-Mein , Stuttgard et Munich.

Les cinq contrées au *sud* sont : 1° le *Portugal*, capitale Lisbonne ; 2° l'*Espagne*, cap. Madrid ; 3° l'*Italie* , villes principales Turin , Milan , Florence , Rome et Naples ; 4° la *Turquie* , cap. Constantinople ; 5° la *Grèce* , cap. Athènes.

MERS.

L'Europe est baignée par quinze *mers* , dont trois grandes et douze petites.

Les trois grandes sont : l'océan *Glacial*, au nord ; l'océan *Atlantique*, à l'ouest, et la mer *Méditerranée*, au sud.

Les douze petites sont : la mer *Blanche*, formée par l'océan Glacial ; la mer *Baltique ;* la mer du *Nord*, ou d'*Allemagne ;* la *Manche* et la mer d'*Irlande* , formées par l'océan Atlantique ; la mer *Adriatique*, la mer *Ionienne*, l'*Archipel*, la mer de *Marmara* , la mer *Noire* et la mer d'*Azof*, formées par la mer Méditerranée , et la mer *Caspienne*, qui ne communique à aucune autre mer.

DÉTROITS.

Un *détroit* est une partie de mer resserrée entre deux terres. Les détroits servent de communication entre deux portions de mers.

Il y a en Europe seize détroits principaux , dont neuf au nord et sept au sud.

Les neuf au *nord* sont : le détroit de *Vaigatz* , au nord de la Russie ; le *Skagerrack* , le *Cattégat*, le *Sund* , le grand *Belt* et le petit *Belt* , entre la mer Baltique et la mer du nord ; le *Pas-de-Calais* , entre l'Angleterre et la France ; le canal du *Nord* et le canal de *Saint-Georges* , entre la mer d'Irlande et l'océan Atlantique.

Les sept au *sud* sont : le détroit de *Gibraltar* , entre l'Espagne et l'Afrique ; le détroit de *Bonifacio* , entre la Corse et la Sardaigne ; le détroit ou phare de *Messine* , au sud de l'Italie ; le canal d'*Otrante* , entre la mer Ionienne et la mer Adriatique ; le détroit des *Dardanelles* ou de *Gallipoli* , entre l'Archipel et la mer de Marmara ; le détroit de *Constantinople* , entre la mer de Marmara et la mer

Noire ; et le détroit d'*Iénikalé*, entre la mer Noire et la mer d'Azof.

GOLFES.

Un *golfe* ou une *baie* est une partie de la mer qui s'avance dans la terre. On donne ordinairement le nom de *baie* aux petits gofes.

Les dix golfes les plus remarquables de l'Europe sont : les golfes de *Bothnie*, de *Finlande*, de *Riga* ou de *Livonie*, dans la mer Baltique ; le *Zuiderzée*, dans la mer du Nord, le golfe de *Gascogne*, dans l'océan Atlantique, les golfes de *Lion*, de *Gênes*, dans la mer Méditerranée ; les golfes de *Tarente* et de *Lépante*, dans la mer Ionienne, et le golfe de *Salonique*, dans l'Archipel.

ILES.

Une *île* est une espèce de terre entourée d'eau de tous côtés. On appelle *groupes d'îles* plusieurs îles rapprochées les unes des autres.

Il y a en Europe soixante-trois îles ou groupes principaux, savoir : sept dans l'océan Glacial, qui sont : le *Spitzberg*, l'île de *Cherry*, la *Nouvelle-Zemble*, l'île de *Vaigatz*, l'île de *Kalgouef*, les îles de *Loffoden* et l'île de *Jean-Mayen ;* quatorze dans l'océan Atlantique, dont trois grandes qui sont : l'*Islande*, la *Grande-Bretagne* et l'*Irlande ;* et onze petites, qui sont : les îles *Féroë*, les *Schetland*, les *Orcades*, les *Hébrides*, *Ouessant*, *Groix*, *Belle-Ile*, *Noirmoutiers*, l'*Ile-Dieu*, l'île de *Ré* et l'île d'*Oléron ;* dix dans la Méditerranée, dont trois grandes, qui sont : la *Corse*, la *Sardaigne* et la *Sicile ;* sept petites, qui sont : l'île de *Formentéra*, *Iviça*, *Majorque*, *Minorque*, l'île d'*Elbe*, les îles de *Lipari* et l'île de *Malte ;* onze dans la mer Baltique, qui sont : *Aland*, *Dago*, *Œsel*, *Gothland*, *Oland*, *Bornholm*, *Rugen*, *Falster*, *Laland*, *Sééland* et *Fionie ;* trois dans la mer du Nord : *Silt*, *Helgoland* et le *Texel ;* trois dans la Manche : *Wight*, *Guernesey* et *Jersey ;* deux dans la mer d'Irlande : *Man* et *Anglesey ;* un groupe dans la mer Adriatique : ce sont les îles *Illyriennes ;* six dans la mer Ionienne : *Corfou*, *Paxo*, *Sainte-Maure*, *Théaki*, *Céphalonie* et *Zante ;* six dans l'Archipel : *Lemnos*, *Skiro*, *Eubée* ou *Négrepont*, les *Cyclades*, *Cérigo* et *Candie*.

PRESQU'ILES.

On appelle *presqu'île* ou *péninsule* un espace de terre presque entouré d'eau et qui ne tient au continent que d'un seul côté.

Il y a en Europe six presqu'îles principales, dont trois grandes et trois petites ; les trois grandes sont : la *Suède* avec la *Laponie russe*, l'*Espagne* avec le *Portugal*, et l'*Italie*; les trois petites sont : le *Jutland* en Danemarck, la *Morée* en Grèce, et la *Crimée* en Russie.

ISTHMES.

Un *isthme* est une partie de terre très étroite, resserrée entre deux mers.

On compte en Europe deux isthmes principaux : l'isthme de *Corinthe*, qui joint la Morée au continent, et l'isthme de *Pérékop*, qui joint la Crimée à la Russie.

CAPS.

Un *cap* ou *promontoire* est une pointe de terre qui s'avance dans la mer ; le promontoire diffère ordinairement du cap en ce qu'il est moins élevé.

Les onze caps principaux de l'Europe sont : le cap *Nord-Kyn*, au nord de la Russie ; le cap *Mizen*, au sud-ouest de l'Irlande ; le cap *Land's End*, au sud-ouest de la Grande-Bretagne ; le cap *Finistère*, à l'ouest de l'Espagne ; le cap *Saint-Vincent*, au sud-ouest du Portugal ; le cap *Trafalgar*, au sud de l'Espagne ; le cap *Corse*, au nord de la Corse ; le cap *Tavalaro*, au sud de la Sardaigne ; le cap *Passaro*, au sud de la Sicile ; le cap *Spartivento*, au sud de l'Italie, et le cap *Matapan*, au sud de la Morée.

MONTAGNES.

Une *montagne* est une grande élévation de terre. Une *chaîne de montagnes* est la réunion d'un grand nombre de montagnes qui occupent une longue étendue.

On compte en Europe dix-huit chaînes principales, dont neuf grandes et neuf petites.

Les neuf grandes sont : les monts de *Kiœlen* ou *Scandi-naves*, entre la Suède et la Norwège ; les monts *Ourals*, entre l'Europe et l'Asie ; le *Caucase*, entre la mer Noire et la mer Caspienne ; les monts *Balkans*, en Turquie ; les monts *Krapachs*, dans l'empire d'Autriche ; les *Alpes*, entre l'Italie, la France et la Suisse ; les *Apennins*, en Italie ; les *Pyrénées*, entre la France et l'Espagne, et les monts *Ibériens*, en Espagne.

Les neufs petites sont : les *Vosges*, les *Cévennes* et les monts d'*Auvergne*, en France ; le *Jura*, entre la France et la Suisse ; les monts *Cantabres*, la *Sierra d'Estrella*, la *Sierra d'Ossa*, la *Sierra-Morena* et la *Sierra Nevada*, en Espagne.

VOLCANS.

Un *volcan* est une montagne qui lance, par une large ouverture, nommée *cratère*, des tourbillons de flamme, de fumée et de matières fondues.

Les trois principaux volcans sont : le mont *Hécla*, en Islande ; le mont *Vésuve*, près de Naples, en Italie, et le mont *Etna*, en Sicile.

LACS.

Un *lac* est une étendue d'eau entourée de terre de tous côtés.

Il y a en Europe vingt-trois lacs remarquables, dont neuf dans les contrées du nord, sept dans les contrées du milieu, et sept dans les contrées du sud.

Les neuf dans les contrées du *nord* sont : les lacs *Wéner*, *Wéter*, *Mélar*, en Suède ; *Saïma*, *Ladoga*, *Onéga*, *Blanc* ou *Biélo*, *Ilmen* et *Péïpous*, en Russie.

Les sept dans les contrées du *milieu* sont : les lacs de *Neufchâtel*, de *Genève*, de *Lucerne*, de *Zurich*, en Suisse ; de *Constance*, entre la Suisse et l'Allemagne ; de *Neusiédel* et de *Balaton*, dans l'empire d'Autriche.

Les sept dans les contrées du *sud* sont : les lacs *Majeur*, de *Côme*, de *Garde*, de *Pérouse*, de *Bolsenna* et de *Cé-pano*, en Italie ; le lac de *Zante*, en Turquie.

FLEUVES.

Un *fleuve* est un cours d'eau qui se jette dans la mer. On appelle *source* le lieu où le fleuve commence, et *embouchure* le lieu où il entre dans la mer.

On compte en Europe trente-six fleuves principaux, savoir : un qui se jette dans la mer Blanche, c'est la *Dwina ;* six qui se jettent dans la mer Baltique : la *Tornéa*, la *Néva*, la *Duna*, le *Niémen*, la *Vistule* et l'*Oder ;* six dans la mer du Nord : l'*Elbe*, le *Wéser*, le *Rhin*, la *Meuse*, l'*Escaut* et la *Tamise ;* un dans la Manche, c'est la *Seine ;* dix dans l'Océan : le *Schannon*, la *Severn*, la *Loire*, la *Garonne*, l'*Adour*, le *Minho*, le *Douro*, le *Tage*, la *Guadiana* et le *Guadalquivir ;* quatre dans la Méditerranée : l'*Ebre*, le *Rhône*, l'*Arno* et le *Tibre ;* deux dans la mer Adriatique : le *Pô* et l'*Adige ;* trois dans la mer Noire : le *Danube*, le *Dniester* et le *Dniéper ;* un dans la mer d'Azof, c'est le *Don ;* et deux dans la mer Caspienne : le *Volga* et l'*Oural*.

RIVIÈRES.

Une *rivière* est un cours d'eau qui se jette dans un fleuve ou dans une autre rivière. On appelle *confluent* ou *affluent* l'endroit où se réunissent deux cours d'eau.

On compte en Europe trente rivières principales : le *Bug*, qui se jette dans la Vistule ; la *Warte*, qui se jette dans l'Oder ; l'*Aar*, le *Necker*, le *Mein* et la *Moselle*, qui se jettent dans le Rhin ; la *Sambre*, qui se jette dans la Meuse ; l'*Yonne*, la *Marne* et l'*Oise*, qui se jettent dans la Seine ; l'*Allier*, le *Cher*, la *Vienne* et la *Mayenne*, qui se jettent dans la Loire ; le *Tarn*, le *Lot* et la *Dordogne*, qui se jettent dans la Garonne ; la *Saône*, l'*Isère* et la *Durance*, qui se jettent dans le Rhône ; le *Tésin*, qui se jette dans le Pô ; l'*Isar*, l'*Inn*, la *Drave*, la *Save*, la *Theis* et le *Pruth*, qui se jettent dans le Danube ; la *Bérésina* et le *Pripet*, qui se jettent dans le Dniéper, et la *Kama*, qui se jette dans le Volga.

SECTION TROISIÈME.

DIVISIONS DES CONTRÉES DE L'EUROPE.

CONTRÉES DU NORD.

Iles-Britanniques.

On divise les *Iles-Britanniques* en quatre parties, qui sont : 1° l'*Angleterre*, capitale, Londres ; villes principales, New-castle, York, Liverpool, Manchester, Birmingham et Bristol ; 2° l'*Ecosse*, capitale, Edimbourg ; villes princ., Aberdeen, Dundée et Glascow ; 3° l'*Irlande*, cap., Dublin ; villes princ., Limerick et Cork ; 4° les *Petites Iles*, dont les principales sont : les *Schetland*, les *Orcades* et les *Hébrides*, dans l'océan Atlantique ; *Man* et *Anglesey*, dans le mer d'Irlande ; *Helgoland*, dans la mer du Nord, *Wigt*, *Guernesey* et *Jersey*, dans la Manche ; *Malte*, dans la Méditerranée ; les îles de la mer Ionienne, savoir : *Corfou*, *Paxo*, *Sainte-Maure*, *Théaki*, *Céphalonie*, *Zante* et *Cérigo*, dans l'Archipel. La ville de *Gibraltar*, près du détroit de ce nom, appartient à l'Angleterre.

Danemarck.

Le royaume de *Danemarck* se divise en trois parties, qui sont : 1° le *Jutland* ; villes principales, Viborg et Slesvig ; 2° les provinces qui font partie de la Confédération germanique, savoir : le duché de *Holstein* ; villes princ., *Kiel* et *Altona*, et le duché de *Lauenbourg*, capitale, Lauenbourg ; 3° les îles, savoir : dans la mer Baltique, l'île de *Sééland*, cap., Copenhague ; l'île de *Fionie*, cap., Odensée, et les îles de *Laland*, de *Falster*, de *Bornholm* ; dans la mer du Nord, l'île de *Sylt* ; dans l'Océan, l'*Islande*, cap., Reikiavik, et les îles *Féroé*.

Suède.

La *Suède* comprend trois parties : 1° le royaume de *Suède*, capitale, Stokcholm; 2° le royaume de *Norwège*, cap., Christiania; les îles *Gotland* et *Oland*, dans la mer Baltique, et les îles de *Loffoden*, sur les côtes de la Norwège.

Russie.

On divise l'empire de *Russie* en cinq parties : 1° la *partie du nord*, qui comprend seize gouvernements, dont les villes principales sont *Saint-Pétersbourg*, *Helsingforts*, *Arkhangel*, *Vologda*, *Novgorod*, *Revel*, *Riga*, *Tver* et *Iaroslav*; 2° la *partie du milieu*, qui comprend dix-huit gouvernements, dont les villes principales sont *Moscou*, *Wilna*, *Smolensk*, *Toula*, *Kasan* et *Orenbourg*; 3° la *partie du sud*, qui comprend vingt gouvernements, dont les villes principales sont *Pultava*, *Kiev*, *Bender*, *Odessa*, *Caffa* et *Astrakan*; 4° le *royaume de Pologne*, qui a pour capitale *Varsovie*; 5° les îles dans la mer Glaciale, le *Spitzberg*, la *Nouvelle-Zemble*, *Veigatz* et *Kalgouef*; dans la mer Baltique, les îles d'*Aland*, de *Dago* et d'*Œsel*.

CONTRÉES DU MILIEU DE L'EUROPE.

France.

Anciennes divisions.

On partageait autrefois la *France* en trente-trois gouvernements ou provinces, dont six au nord, six à l'est, sept au sud, six à l'ouest et huit au milieu.

Les six au *nord* étaient : la *Flandre*, capitale, Lille; l'*Artois*, cap., Arras; la *Picardie*, cap., Amiens; la *Normandie*, cap., Rouen; l'*Ile-de-France*, cap., Paris, et la *Champagne*, cap., Troyes.

Les six à l'*est* étaient : la *Lorraine*, cap., Nancy; l'*Alsace*, cap., Strasbourg; la *Franche-Comté*, cap., Besançon; la *Bourgogne*, cap., Dijon; le *Lyonnais*, cap., Lyon, et le *Dauphiné*, cap., Grenoble.

Les sept au *sud* étaient : la *Provence*, cap., Aix; le *Lan-*

quedoc , cap., Toulouse; le *Roussillon* , cap., Perpignan ;
le *Comté de Foix*, cap., Foix ; le *Béarn* , cap., Pau ; et l'ile
de *Corse* , cap. , Bastia.

Les six à l'ouest étaient : la *Saintonge* et l'*Angoumois* ,
cap., Saintes et Angoulême ; l'*Aunis* , cap., La Rochelle ;
le *Poitou*, cap., Poitiers; la *Bretagne* , cap., Rennes; l'*Anjou*,
cap., Angers ; et le *Maine* , cap., le Mans.

Les huit au *milieu* étaient : l'*Orléanais* , cap., Orléans ;
la *Touraine* , cap., Tours ; le *Berry* , cap., Bourges ; le *Nivernais* , cap., Nevers ; le *Bourbonnais* , cap., Moulins ; la
Marche , cap., Guéret ; le *Limousin* , cap., Limoges ; et
l'*Auvergne* , cap., Clermont-Ferrand.

DÉPARTEMENTS DE LA FRANCE.

On divise aujourd'hui la France en *quatre-vingt-six départements ;* quatre-vingt-cinq sont formés des anciennes
provinces , le quatre-vingt-sixième a été réuni à la France
en 1791.

DÉPARTEMENTS FORMÉS DES SIX PROVINCES DU **NORD**.

1° La FLANDRE forme le département du *Nord*, chef-lieu,
LILLE ; villes principales, Dunkerque , Douai , Valenciennes
et Cambrai.

2° L'ARTOIS forme le département du *Pas-de-Calais* ,
chef-lieu, ARRAS ; villes princ., Calais, Boulogne , Saint-
Omer et Aire.

3° La PICARDIE forme le département de la *Somme* ,
chef-lieu, AMIENS; ville princ., Abbeville.

4° La NORMANDIE forme cinq départements : le départ.
de la *Seine-Inférieure* , chef-lieu, ROUEN ; villes princ.,
Dieppe, Yvetot, le Hàvre et Elbeuf; le départ. de l'*Eure* ,
chef-lieu, EVREUX; ville princ., Louviers ; le départ., du
Calvados, chef-lieu, CAEN; villes princ., Bayeux , Honfleur ,
Lisieux , Falaise , Vire ; le départ. de la *Manche*, chef-lieu,
SAINT-LÔ ; villes princ., Cherbourg. Coutances , Granville ;
le départ. de l'*Orne* , chef-lieu, ALENÇON ; ville princ.,
Sécz.

5⁶ L'ILE-DE-FRANCE forme cinq départements : le départ.

de la *Seine*, chef-lieu, PARIS; ville pr., Saint-Denis ; le dép.
de *Seine-et-Oise*, chef-lieu, VERSAILLES ; villes princ.,
Pontoise, Étampes ; le départ. de *Seine-et-Marne*, chef-
lieu, MELUN; villes princ., Meaux et Fontainebleau ; le
départ. de l'*Oise*, chef-lieu, BEAUVAIS ; villes princ., Com-
piègne et Senlis ; le départ. de l'*Aisne*, chef-lieu, LAON;
villes princ., Saint-Quentin , la Fère , Soissons et Château-
Thierry.

6° La CHAMPAGNE forme quatre départements : le départ.
de l'*Aube*, chef-lieu, TROYES: le dép. de la *Haute-Marne*,
chef-lieu, CHAUMONT ; villes princ., Langres et Bourbonne-
les-Bains ; le départ. de la *Marne*, chef-lieu, CHALONS ;
villes princ., Reims , Épernay, Vitry-le-Français ; le dép.
des *Ardennes*, chef-lieu, MÉZIÈRES ; villes princ., Rocroy
et Sédan.

DÉPARTEMENTS FORMÉS DES SIX PROVINCES DE L'EST.

1° La LORRAINE forme quatre départements : le départ.
de la *Meurthe*, chef-lieu, NANCY ; villes princ., Pont-à-
Mousson , Toul et Lunéville ; le départ. de la *Moselle*, chef-
lieu, METZ ; ville princ.. Thionville ; le départ. de la *Meuse*,
chef-lieu, BAR-LE-DUC: ville princ., Verdun ; le départ. des
Vosges, chef-lieu, ÉPINAL ; villes princ., Saint-Dié et
Plombières.

2° L'ALSACE forme deux départements : le départ.
du *Bas-Rhin*, chef-lieu, STRASBOURG; villes princ., Wissem-
bourg et Schélestadt; le départ. du *Haut-Rhin*, chef-lieu,
COLMAR ; villes princ., Mulhausen et Belfort.

3° La FRANCHE-COMTÉ forme trois départements : le
départ. du *Doubs*, chef-lieu, BESANÇON; villes princ., Montbé-
liard et Pontarlier ; le départ. de la *Haute-Saône*, chef-lieu,
VESOUL ; ville princ., Gray; le départ. du *Jura*, chef-lieu,
LONS-LE-SAULNIER ; villes princ., Dôle et Saint-Claude.

4° La BOURGOGNE forme quatre départements : le dép.
de la *Côte-d'Or*, chef-lieu, DIJON ; villes princ., Beaune
et Auxonne ; le dép. de l'*Yonne*, chef-lieu, AUXERRE; villes
princ. Sens et Joigny ; le départ. de *Saône-et-Loire*, chef-
lieu, MACON ; villes princ., Autun et Châlons-sur-Saône ; le
départ. de l'*Ain*, chef-lieu, BOURG ; ville princ., Belley.

5° Le LYONNAIS forme deux départements : le départ.

du *Rhône*, chef-lieu, LYON ; ville princ., Tarare; le départ. de la *Loire*, chef-lieu, MONTBRISON ; villes princ., Roanne et Saint-Etienne.

6° Le DAUPHINÉ forme trois départements : le départ. de l'*Isère*, chef-lieu, GRENOBLE; ville princ., Vienne; le départ. de la *Drôme*, chef-lieu, VALENCE ; ville princ., Montélimart ; le départ. des *Hautes-Alpes*, chef-lieu, GAP ; ville princ., Briançon.

DÉPARTEMENTS FORMÉS DES SEPT PROVINCES DU **SUD**.

1° La PROVENCE forme trois départements : le départ. des *Bouches-du-Rhône*, chef-lieu, MARSEILLE; villes princ., Tarascon, Arles, Aix ; le départ. des *Basses-Alpes*, chef-lieu, DIGNE ; ville princ., Sisteron ; le départ. du *Var*, chef-lieu, DRAGUIGNAN ; villes princ., Grasse, Antibes, Fréjus et Toulon.

2° Le LANGUEDOC forme huit départements : le départ. de la *Haute-Garonne*, chef-lieu, TOULOUSE ; le départ. du *Tarn*, chef-lieu, ALBY; villes princ., Gaillac, Lavaur et Castres; le départ. de l'*Aude*, chef-lieu, CARCASSONNE ; villes princ., Castelnaudary et Narbonne ; le départ. de l'*Hérault*, chef-lieu, MONTPELLIER; villes princ., Lodève, Béziers, Cette et Lunel ; le départ. du *Gard*, chef-lieu, NIMES; villes pr., le Pont-Saint-Esprit, Alais, Uzès et Beaucaire ; le départ. de la *Lozère*, chef-lieu, le PUY; ville princ., Yssengeaux; le départ. de l'*Ardèche*, chef-lieu, PRIVAS; villes princ., Annonay et Viviers.

3° Le ROUSSILLON forme un département : celui des *Pyrénées-Orientales*, chef-lieu, PERPIGNAN.

4° Le COMTÉ DE FOIX forme un département : celui de l'*Ariége*, chef-lieu, FOIX; ville princ., Pamiers.

5° Le BÉARN forme un département : celui des *Basses-Pyrénées*, chef-lieu, PAU; villes princ., Bayonne, Orthès et Oloron.

6° La GUYENNE et la GASCOGNE forment neuf départements : le départ. de la *Gironde*, chef-lieu, BORDEAUX; villes princ., Blaye, Bourg-du-Bec-d'Ambez et Libourne ; le départ. de la *Dordogne*, chef-lieu, PÉRIGUEUX; villes princ., Bergerac; le départ. de *Lot-et-Garonne*, chef-lieu, AGEN ; villes princ., Marmande, Villeneuve d'Agen et Nérac ; le

départ. du *Lot* , chef-lieu, CAHORS ; ville princ., Figeac ; le
départ. de l'*Aveyron*, chef-lieu, RHODEZ; ville princ., Milhau;
le départ. de *Tarn-et-Garonne*, chef-lieu, MONTAUBAN: villes
princ., Moissac , Castel-Sarrazin: le département des *Landes*,
chef-lieu, MONT-DE-MARSAN: villes princ., Saint-Séver et Aire;
le départ. du *Gers* , chef-lieu, AUCH : villes princ.: Condom
et Lectoure ; le départ. des *Hautes-Pyrénées* , chef-lieu,
TARBES ; villes princ., Bagnères et Baréges.

7° La CORSE forme un département, celui de la *Corse*,
chef-lieu, AJACCIO: villes princ., Bastia et Bonifacio.

DÉPARTEMENTS FORMÉS DES SIX PROVINCES DE L'OUEST.

1° L'ANGOUMOIS forme un département, celui de la *Cha-
rente*, chef-lieu, ANGOULÊME ; ville princ., Cognac.

2° L'AUNIS et la SAINTONGE forment un département,
celui de la *Charente-Inférieure*, chef-lieu, LA ROCHELLE :
villes princ., Rochefort et Saintes.

3° Le POITOU forme trois départements : le départ. de
la *Vienne*, chef-lieu, POITIERS: ville princ., Châtellerault ;
le départ. des *Deux-Sèvres*, chef-lieu NIORT : le départ. de
la *Vendée*, chef-lieu, BOURBON-VENDÉE ; villes princ., Fon-
tenai, Luçon et Les Sables.

4° La BRETAGNE forme cinq départements : le départ.
d'*Ile-et-Vilaine*, chef-lieu, RENNES; villes princ., Saint-Malo,
Saint-Servant , Fougères et Vitré : le départ. des *Côtes-du-
Nord*, chef-lieu, SAINT-BRIEUC; ville princ.,Dinan: le départ.
du *Finistère*, chef-lieu, QUIMPER ; villes princ., Morlaix et
Brest ; le départ. du *Morbihan* , chef-lieu, VANNES ; ville
princ., Lorient et Port-Louis ; le départ. de la *Loire-Infé-
rieure*, chef-lieu, NANTES; villes princ., Le Croisic et
Paimbœuf.

5° L'ANJOU forme un département , celui de *Maine-et-
Loire* , chef-lieu, ANGERS : ville princ., Saumur.

6° Le MAINE forme deux départements : le départ. de la
Sarthe, chef-lieu, LE MANS: ville princ., La Flèche: le dép.
de la *Mayenne* , chef-lieu, LAVAL ; villes princ., Château-
Gonthier et Mayenne.

DÉPARTEMENTS FORMÉS DES HUIT PROVINCES DU MILIEU.

1° L'ORLÉANAIS forme trois départements : le départ. du *Loiret*, chef-lieu, ORLÉANS, ville, princ., Montargis ; le dép. d'*Eure-et-Loire*, chef-lieu, CHARTRES; villes princ., Dreux, Nogent-le-Rotrou et Châteaudun; le départ. de *Loir-et-Cher*, chef-lieu, BLOIS ; ville princ., Vendôme.

2° La TOURAINE forme un département : celui d'*Indre-et Loire*, chef-lieu, TOURS; ville princ., Chinon.

3° Le BERRY forme deux départements : le départ. du *Cher*, chef-lieu, BOURGES ; ville princ., Saint-Amand ; le départ. de l'*Indre*, chef-lieu, CHATEAUROUX, ville princ., Issoudun.

4° Le NIVERNAIS forme un département, celui de la *Nièvre*, chef-lieu, NEVERS ; ville princ., Cosne.

5° Le BOURBONNAIS forme un département, celui de l'*Allier*, chef-lieu, MOULINS ; ville princ., Vichy.

6° La MARCHE forme un département, celui de la *Creuse*, chef-lieu, GUÉRET ; ville princ., Aubusson.

7° Le LIMOUSIN forme deux départements : le départ. de la *Haute-Vienne*, chef-lieu, LIMOGES; ville princ., Saint-Yrieix; le départ. de la *Corrèze*, chef-lieu, TULLE, ville princ. Brives.

8° L'AUVERGNE forme deux départements : le départ. du *Puy-de-Dôme*, chef-lieu, CLERMONT-FERRAND; villes princ., Riom, Thiers, Issoire et Ambert: le départ. du *Cantal*, chef-lieu, AURILLAC; ville princ., Saint-Flour.

Le COMTAT D'AVIGNON, réuni à la France en 1791, forme un département, celui de *Vaucluse*, chef-lieu, AVIGNON : villes princ., Carpentras et Orange.

Belgique.

La *Belgique* se divise en neuf provinces, dont les villes princ. sont : *Bruxelles, Anvers, Gand, Bruges* et *Liége*.

Hollande.

La *Hollande* se divise en neuf provinces, dont les villes

principales sont : *La Haye, Amsterdam, Rotterdam, Leyde, Utrecht* et *Groningue.*

Suisse.

La *Suisse* est divisée en vingt-deux cantons , dont six au nord, quatre à l'est, deux au sud, cinq à l'ouest , et cinq au milieu.

Les six au *nord* sont : *Bâle, Soleure , Argovie*, chef-lieu, Arau ; *Zurich , Turgovie* , chef-lieu, Frauenfeld et Chaffouse.

Les quatre à l'*est* sont : *Saint-Gall, Appenzel, Glaris* et les *Grisons*, chef-lieu, Coire.

Les deux au *sud* sont : le *Tésin*, chef-lieu, Bellinzona, et le *Valais*, chef-lieu, Sion.

Les cinq à l'*ouest* sont : *Berne, Neufchâtel , Fribourg , Vaud* , chef-lieu , Lausanne, et *Genève.*

Les cinq au *milieu* sont : *Zug , Lucerne , Schwitz , Underwald*, chef-lieu, Stanz , et *Ury*, chef-lieu, Altorf.

En général, les cantons suisses portent le nom de leurs chefs-lieux ; le canton de *Berne*, par exemple, a pour chef-lieu Berne. Dans tous les cas semblables , nous avons jugé inutile de répéter le nom de la capitale.

Autriche.

On divise l'empire d'*Autriche* en treize provinces, savoir : six qui font partie de la Confédération germanique, ce sont : 1° l'archiduché d'*Autriche* , capitale, Vienne ; villes princ., Lintz et Salzbourg ; 2° la *Styrie*, capit., Gratz ; 3° l'*Illyrie* , capit., Laybach; 4° le *Tyrol*, capit., Inspruck; 5° le royaume de *Bohème* , capit. Prague ; 6° la *Moravie*, capit., Brunn ; ville princ., Olmutz; sept qui ne font pas partie de la Confédération , ce sont : 1° la *Gallicie*, capit., Lemberg ; 2° le royaume de *Hongrie*, capit.. Bude; villes princip., Presbourg et Pesth; 3° l'*Esclavonie*, capit., Esseck ; villes princ., Peterwardein ; 4° la *Transylvanie* , capit., Hermanstadt : 5° la *Croatie*, capit., Agram ; la *Dalmatie*, capit., Zara ; 7° le royaume *Lombard-Vénitien* , capit., Milan. Cette dernière partie est en Italie.

Prusse.

Le royaume de *Prusse* comprend deux parties principales : 1° les provinces dans la Confédération germanique; 2° les provinces hors de la Confédération.

Les sept provinces dans la Confédération sont : 1° le *Brandebourg*, capitale, Berlin ; villes princ., Potsdam, Custrin et Francfort-sur-l'Oder; 2° la *Poméranie*, capit., Stettin ; ville princ., Stralsund ; 3° la province de *Saxe*, capit., Magdebourg; 4° la *Silésie*, capit., Breslau; 5° la *Westphalie*, capit., Munster; 6° le duché de *Clèves* et *Berg*, capit., Cologne ; villes princ., Clèves, Wésel, Dusseldorf et Bonn ; 7° le duché du *Bas-Rhin*, capit., Coblentz; villes princ., Aix-la-Chapelle et Trèves.

Les deux provinces hors de la Confédération sont : 1° la *Prusse orientale*, capit., Dantzig ; 2° le grand duché de *Posen*, capit., Posen.

États secondaires de l'Allemagne.

Ces états comprennent quelques provinces du Danemarck, et forment, avec une partie de la Prusse et de l'Autriche, la Confédération germanique. Les états secondaires sont au nombre de trente-six, dont les principaux sont: 1° quatre royaumes : le *Hanôvre*, capit., Hanôvre; ville princ., Embden, Lunebourg, Osnabruck et Gœttingue; la *Saxe*, capit., Dresde ; ville princ., Leipzig; la *Bavière*, capit., Munich; villes princ., Wurtzbourg, Nuremberg, Ratisbonne et Augsbourg; le *Wurtemberg*, capit., Stuttgard; ville princ., Ulm.

2° Une principauté : la *Hesse électorale*, capit., Cassel.

3° Sept grands duchés, savoir : ceux de *Mecklembourg-Schwerin*, capit., Schwerin; de *Mecklembourg-Strélitz*, cap., Strélitz; d'*Oldenbourg*, capit., Oldenbourg ; de *Saxe-Weimar*, cap., Weimar ; de *Hesse-Darmstadt*, capit., Darmstadt; ville princip., Mayence ; de *Bade*, capit., Carlsruhe ; ville princip., Baden; de *Luxembourg*, capit., Luxembourg.

4° Cinq duchés : celui de *Holstein*, capit., Kiel, ville pr., Altona ; de *Lauenbourg*, capit., Lauenbourg; de *Brunswick*, capit., Brunswick ; de *Saxe-Cobourg-Gotha*, ville princ., Gotha et Cobourg ; de *Nassau*, capit., Viesbaden.

5° Quatre villes libres : *Lubeck*, *Hambourg*, *Brême* et *Francfort-sur-le-Mein*.

CONTRÉES DU MIDI DE L'EUROPE.

Portugal.

Le royaume du *Portugal* est divisé en six provinces : la province entre *Duero* et *Minho*, capit., Braga ; ville princ. Porto; de *Tra-os-Montes*, capit., Bragance ; de *Beira*, capit., Coïmbre; de l'*Estramadure*, capit., Lisbonne; de l'*Alentéjo*, capit., Evora; et d'*Algarve*, capit., Lagos; ville princ., Tavira.

Espagne.

On divise le royaume d'*Espagne* en quatorze provinces, dont quatre au nord, quatre au milieu, deux au sud et quatre à l'est.

Les quatre au nord sont : la *Galice*, capit., Santiago de Compostelle; les *Asturies*, capit., Oviédo; les provinces *Basques*, capit., Bilbao; et la *Navarre*, capit., Pampelune.

Les quatre au milieu sont le royaume de *Léon*, capit., Léon; la *Vieille-Castille*, capit., Burgos ; la *Nouvelle-Castille*, capit., Madrid ; l'*Estramadure*, capit., Badajoz.

Les deux au sud sont : l'*Andalousie ;* villes princ., Séville, Cadix, Cordoue, Jaën, Grenade et Malaga ; le royaume de *Murcie*, capit., Murcie.

Les quatre à l'est, sont : l'*Aragon*, capit., Saragosse; la *Catalogne*, capit., Barcelone; le royaume de *Valence*, capit., Valence, et les îles *Baléares*, capit., Palma.

Italie.

L'*Italie* est divisée en huit états, dont cinq grands et trois petits.

Les cinq grands sont : les états du roi de *Sardaigne*, capit., Turin; villes princ., Chambéry, Gênes et Cagliari; le royaume *Lombard-Vénitien*, capit., Milan ; villes princ., Venise, Padoue, Vérone et Mantoue ; le Grand-Duché de *Toscane*, capit., Florence; ville princ., Livourne ; les *États de l'Église*, capit., Rome ; villes princ., Ferrare, Bologne, Ravenne et Ancône ; le royaume des *Deux-Siciles*, capit., Naples ; villes princ., Tarente , Palerme , Messine, Catane et Syracuse.

Les trois petits sont le duché de *Parme*, capit., Parme ; ville princip., Plaisance ; le duché de *Modène*, capit., Modène ; ville princ., Reggio ; et le duché de *Lucques*, capit., Lucques.

Turquie, Grèce.

On divise la *Turquie* d'Europe en huit provinces, dont cinq au nord et trois au midi.

Les cinq au *nord* sont : la *Moldavie*, capit., Jassi ; la *Valachie*, capit., Bukarest ; la *Bulgarie*, capit., Sophie; la *Servie*, capit., Belgrade ; et la *Bosnie*, capit., Bosna-Séraï.

Les trois au *midi* sont : la *Romélie*, capit., Constantinople ; villes princip. , Andrinople et Salonique ; l'*Albanie*, capit. , Ianina ; la *Thessalie*, capit., Larisse.

Dans la *Grèce* propre, les princip. villes sont : *Saloniki*, *Lwadie* , *Athènes* , *Lépante;* et dans la *Morée*, *Patras* , *Tripolitza* , capit. de la Morée; *Misitra*, près de Sparte; *Napoli* de *Romanie* , *Coron* , *Modon*.

SECTION QUATRIÈME.

ASIE.

On peut diviser l'*Asie* en onze contrées principales, savoir : une au *nord*, c'est la *Sibérie* ou *Russie d'Asie*, capit., Tobolsk ; quatre au milieu : la *Turquie d'Asie;* villes princ., Smyrne, Alep , Damas, Jérusalem , Bagdad ; la *Tartarie-Indépendante;* villes princ., Boukhara , Samarkand et Khiva ; la *Chine*, capit., Pékin , et le *Japon*, capit., Yédo ; six au midi, l'*Arabie;* ville princ., la Mecque ; la *Perse*, capit., Téhéran; l'*Afghanistan*, capit., Caboul; le *Béloutchistan*, capit., Kélat; l'*Indoustan*, villes princ., Délhy , Calcutta, Pounah et Cachemyr; et l'*Indo-Chine* , ou *presqu'ile au-delà du Gange;* villes princ., Oummerapoura, Ava , Saïgon , Bankok et Malacca.

MERS.

L'Asie est baignée par treize *mers*, dont quatre grandes et neuf petites.

Les quatre grandes sont : l'océan *Glacial*, au nord; la mer *Méditerranée*, à l'ouest ; la mer des *Indes*, au sud, et le grand *Océan*, à l'est.

Les neuf petites sont : la mer *Caspienne*, la mer *Noire*, la mer de *Marmara* et l'*Archipel*, à l'ouest ; la mer de la *Chine*, la mer *Jaune*, la mer du *Japon*, la mer d'*Okhotsk* et la mer de *Béhring*, à l'est.

DÉTROITS.

On remarque neuf *détroits* principaux en Asie : à l'ouest, les détroits de *Constantinople* et des *Dardanelles*, entre la Turquie d'Europe et la Turquie d'Asie ; au sud, le détroit de *Bab-el-Mandel*, entre l'Arabie et l'Afrique ; le détroit d'*Ormus*, entre l'Arabie et la Perse ; le détroit de *Palk*, au sud de l'Indoustan ; le détroit de *Malacca*, au sud de l'Indo-Chine ; à l'est, le détroit de *Corée*, entre la Chine et le Japon ; la *Manche de Tartarie*, entre l'île de Tchoka et la Chine, et le détroit de *Béhring*, entre l'Asie et l'Amérique.

GOLFES.

Il y a dix *golfes* principaux en Asie, savoir : au sud, le golfe *Arabique* ou mer *Rouge*, le golfe *Persique*, le golfe d'*Oman* et le golfe du *Bengale*, formés par la mer des Indes ; à l'est, le golfe de *Siam* et le golfe de *Tonkin*, formés par la mer de la Chine ; le golfe de *Petchili*, formé par la mer Jaune ; le golfe de *Kamtschatka*, formé par la mer d'Okhotsk ; le golfe d'*Anadyr*, formé par la mer de Béhrin ; et au nord, le golfe de l'*Obi*, formé par l'océan Glacial.

ILES.

On compte en Asie dix-neuf *îles* ou groupes remarquables, savoir : trois dans la Méditerranée, qui sont : les *Sporades*, *Rhodes* et *Chypre* ; un dans le golfe Persique, ce sont les îles *Bahrein* ; six dans la mer des Indes : *Bombay*, les *Laquedives*, les *Maldives*, *Ceylan*, les îles *Andaman* et les îles *Nicobar*; deux dans la mer de la Chine : *Haïnan* et *Macao*; six dans le grand Océan : *Formose*, les *Lieou-Kieou*, les îles du *Japon*, l'île de *Tchoka* ou *Tarakaïs*, les *Kouriles* et les *Aléoutiennes*; un dans l'Océan glacial du nord : les îles *Liakof* ou *Nouvelle-Sibérie*.

PRESQU'ILES.

On remarque en Asie huit *presqu'îles*, dont quatre grandes et quatres petites.

Les quatre grandes sont : l'*Anatolie*, en Turquie; l'*Arabie*, le midi de l'*Indoustan* et l'*Indo-Chine*.

Les quatre petites sont : la *Guzarate*, à l'ouest de l'Indoustan; la presqu'île de *Malacca*, au sud de l'Indo-Chine; la *Corée*, à l'est de la Chine, et la *Kamtschatka*, à l'est de la Sibérie.

CAPS.

Les sept principaux *caps* de l'Asie sont : le cap *Baba*, à l'ouest de la Turquie d'Asie; le cap de *Bab-el-Mandel* et le cap *Rasalgate*, au sud de l'Arabie; le cap *Comorin*, au sud de l'Indoustan; le cap *Romania*, au sud de la presqu'île de Malacca; le cap *Oriental*, à l'est de la Sibérie, et le cap *Septentrional*, au nord de la même contrée.

MONTAGNES.

Les quatorze chaînes de montagnes de l'Asie sont : le *Caucase*, entre la mer Noire et la mer Caspienne; les monts *Ourals*, entre la Russie d'Europe et la Sibérie; le petit *Oltaï* et les monts *Stanovoï*, entre la Sibérie et l'empire Chinois; le grand *Altaï* et les monts *Gadjar*, dans l'empire Chinois; les monts *Tsoung-Ling*, entre l'empire Chinois et la Tartarie Indépendante; les monts *Himalaya*, entre l'empire Chinois et l'Indoustan; le mont *Taurus* et le *Liban*, dans la Turquie d'Asie; les monts *Elwend*, entre la Turquie et la Perse; les monts *El-Ared*, dans l'Arabie; les monts *Gates*, dans l'Indoustan, et les monts *Mogs*, dans l'Indo-Chine.

LACS.

Les douze principaux *lacs* de l'Asie sont : les lacs *Tchany* et *Baïkal*, en Sibérie ; le lac *Van* et le lac *Asphaltite* ou mer *Morte*, dans la Turquie d'Asie ; le lac d'*Oral*, dans la Tartarie Indépendante, les lacs *Balkachi*, *Saïsan*, *Koukou-noor*, *Palté*, *Toung-Thing*, dans l'empire Chinois ; le lac *Ourmia*, dans la Perse ; et le lac *Serreh*, dans l'Afghanistan.

FLEUVES.

On compte dix-neuf *fleuves* principaux en Asie, ce sont : l'*Obi*, l'*Iénisei* et la *Lina*, qui se jettent dans l'océan Glacial ; l'*Amour*, qui se jette dans la mer d'Okhotsk ; le *Hoang-Ho* et le *Kiang*, qui se jettent dans la mer Jaune ; le *Meï-Kong* et le *Meï-Nam*, qui se jettent dans la mer de la Chine ; le *Thalouen*, l'*Iraouaddy* oriental, l'*Iraouaddy* occidental, le *Brahmapoutre*, le *Gange*, le *Godavery* et le *Kistnah*, qui se jettent dans le golfe du Bengale ; le *Sind* ou *Indus*, qui se jette dans le golfe d'Oman ; le *Chat-el-Arab*, qui se jette dans le golfe Persique ; le *Sihoun* et le *Djihoun*, qui se jettent dans le lac d'Aral.

RIVIÈRES.

Les sept *rivières* principales sont : le *Tobol* et l'*Irtich*, qui se jettent dans l'*Obi* ; l'*Angara*, qui se jette dans l'*Iéni-séi* ; la *Djemna*, qui se jette dans le Gange ; l'*Hydaspe*, qui se jette dans le Sind ; le *Tigre* et l'*Euphrate*, qui forment le Chat-el-Arab.

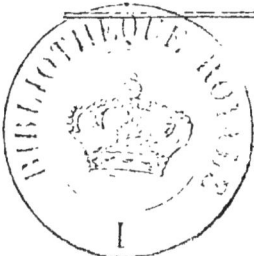

SECTION CINQUIÈME.

AFRIQUE.

On divise l'Afrique en dix-huit contrées, dont trois au nord, sept au milieu et huit au sud.

7

Les trois au *nord* sont : la *Barbarie* , villes principales , Maroc , Alger , Tunis et Tripoli ; l'*Egypte*, capit. le Caire ; le *Sahara* ou grand *Désert* , ville princip., Agably.

Les sept au *milieu* sont : la *Sénégambie* , villes remarquables , Saint-Louis, Bambouk et Timbo : la *Guinée septentrionale* , villes princip. Coumassie , Abomey et Bénin ; la *Nigritie* ou *Soudan* , villes princip., Ségo, Tombouctou , Sackatou , nouveau Birnie ou Bornou , et Cobbé ; la *Nubie*, villes princip., Dongolah et Sennaar ; l'*Abyssinie*, ville princip., Gondar : le royaume d'*Adel*, capit., Zeila, ville princip., Barbora et Aussagurel , et l'*Ajan.*

Les huit au *sud* sont : la *Guinée méridionale* , ville principale San-Salvador ; le pays des *Hottentots* ; le gouvernement du *Cap* , capit., le Cap ; la *Cafrerie*, le *Monomotapa* , villes princip., Zimbaoé et Sofala ; le *Mozambique*, villes princip., Mozambique, Mésurcil et Chicova ; le *Zanguebar*, ville princip., Mélinde, et dans l'intérieur, une vaste contrée qui est inconnue.

MERS.

L'Afrique est baignée par quatre *mers* , qui sont : la mer *Méditerrannée*, au nord ; l'océan *Atlantique*, à l'ouest ; le grand *Océan*, au sud, et la mer des *Indes*, à l'est.

GOLFES.

Les quatre *golfes* principaux de l'Afrique sont : les golfes de la *Syrte* et de *Cabès*, dans la Méditerranée ; le golfe de *Guinée*, dans l'océan Atlantique , et le golfe *Arabique* ou mer *Rouge*, dans la mer des Indes.

ILES.

On compte en Afrique quatorze *iles* ou *groupes* principaux, savoir : huit dans l'océan Atlantique , qui sont : les *Açores*, les iles de *Madère*, les iles *Canaries* , les iles du *Cap-Vert*, les iles du golfe de *Guinée* , les iles *Saint-Mathieu* , de l'*Ascension* et de *Sainte-Hélène* ; six dans la mer des Indes : *Socotora*, les *Seychelles*, *Zanzibar*, les iles *Comores*, *Madagascar* et les *Mascareignes* , dont les principales sont : l'île de *Bourbon* , l'*Ile-de-France* ou *Maurice*, et l'île *Rodrigue.*

CAPS.

Les seize *caps* principaux de l'Afrique sont : les caps *Bon*. *Serrat* et *Ceuta*, dans la Barbarie ; le cap *Blanc*, dans le Sahara, le cap *Vert*, le cap *Sainte-Marie*, le cap *Rouge*, dans la Sénégambie ; les caps des *Palmes* et des *Trois-Pointes*, dans la Guinée septentrionale ; les caps *Lopez* et *Negro*, dans la Guinée méridionale ; le cap de *Bonne-Espérance* et le cap des *Aiguilles*, dans le gouvernement du Cap ; le cap *Delgado*, au nord du Mozambique ; le cap *Gardafui*, au nord de l'Ajan ; le cap *Natal*, au nord de Madagascar.

MONTAGNES.

On compte en Afrique cinq principales *chaînes de montagnes*, savoir : le mont *Atlas*, en Barbarie ; les montagnes de *Kong*, entre la Nigritie et la Guinée septentrionale ; les monts de la *Lune*, au sud de la Nigritie et de l'Abyssinie ; les monts *Lupata*, au sud-est de l'Afrique, et les montagnes de *Madagascar*, dans l'île de ce nom.

LACS.

Les cinq principaux *lacs* de l'Afrique sont : le lac *Loudéah*, près du golfe de Cabès ; le *Keroun* ou *Maris*, en Egypte : le lac *Tchade*, en Nigritie ; le lac *Dembéa*, dans l'Abyssinie, et le lac *Maravi*, à l'ouest du Mozambique.

FLEUVES.

On compte en Afrique sept *fleuves* principaux : un qui se jette dans la Méditerranée, c'est le *Nil* ; cinq qui se jettent dans l'océan Atlantique, ce sont le *Sénégal*, la *Gambie*, le *Niger* ou *Diolli-Bá*, le *Zaïre* et l'*Orange* ; un qui se jette dans la mer des Indes, c'est le *Zambèze*.

o—※※※※ o

SECTION SIXIÈME.

AMÉRIQUE.

L'*Amérique* est partagée en deux grandes parties, qui sont l'*Amérique septentrionale* et l'*Amérique méridionale*, jointes par l'isthme de Panama. Elle se divise en quinze contrées ; six dans l'Amérique septentrionale, et neuf dans l'Amérique méridionale.

Les six dans l'Amérique septentrionale sont : l'*Amérique Russe*, dont le principal établissement est la Nouvelle-Arkhangel ; la *Nouvelle-Bretagne*, capit., Québec ; les *Etats-Unis*, capit., Washington ; le *Mexique*, capit., Mexico ; la république de *Guatemala*, ou *Amérique centrale*, capit., Guatémala.

Les neuf dans l'Amérique méridionale sont : la *Colombie*, villes princip., Santa-Fé-de-Bogota, Caracas et Quito ; la *Guyane*, villes princip., Cayenne et Paramaribo ; le *Brésil*, capit., Rio-Janeiro ; le *Pérou*, capit., Lima ; le *Haut-Pérou* ou *Bolivia*, capit., Chuquisaca ou la Plata ; le *Paraguay*, capit., l'Assomption ; la *Plata*, capit., Buénos-Ayres ; le *Chili*, capit., Santiago, et la *Patagonie*, qui est peu habitée.

MERS.

L'Amérique est baignée par six *mers*, qui sont : l'océan *Glacial* et la mer de *Baffin*, au nord ; l'océan *Atlantique* et la mer des *Antilles*, à l'est ; le grand *Océan* et la mer de *Béhring*, à l'ouest.

DÉTROITS.

On compte en Amérique neuf *détroits* principaux : le détroit de *Béhring*, entre l'Asie et l'Amérique ; les détroits de

Lancaster. de *Davis*, de *Cumberland* et d'*Hudson*, au nord de la Nouvelle-Bretagne; le détroit de *Belle-Ile*, à l'est de la Nouvelle-Bretagne ; le canal de *Bahama*, au sud des Etats-Unis ; les détroits de *Magellan* et de *Lemaire*, au sud de la Patagonie.

GOLFES.

On compte en Amérique dix-sept *golfes* principaux ; cinq grands et douze petits.

Les cinq grands sont : la baie d'*Hudson*, formée par la mer de Baffin ; le golfe de *Saint-Laurent*, formé par l'océan Atlantique ; le golfe du *Mexique* et le golfe d'*Honduras*, formés par la mer des Antilles ; le golfe de *Californie*, formé par le grand Océan.

Les douze petits sont : les baies de *Fundy*, de *Delaware* et de *Chesapeak*, formés par l'océan Atlantique, à l'est des Etats-Unis ; les golfes de *Darien*, de *Maracaïbo* et de *Paria*, formés par la mer des Antilles, au nord de la Colombie ; la baie de *Tous-les-Saints*, à l'est du Brésil ; les golfes de *Saint-Antoine* et de *Saint-Georges*, à l'est de la Patagonie, tous trois formés par l'océan Atlantique ; les golfes de *Guayaquil*, de *Choco* et de *Panama*, à l'ouest de la Colombie, formés par le grand Océan.

ILES.

Les *îles* de l'Amérique peuvent se diviser en dix-neuf îles ou groupes principaux, qui sont : 1° le *Groënland*, dans l'océan Glacial ; 2° les îles de la mer de *Baffin* ; 3° six dans l'océan Atlantique, savoir : les îles du golfe *Saint-Laurent*, *Long-Island*, les *Bermudes*, les *Lucayes*, les *Grandes Antilles* et les *Petites Antilles* ; 4° sept dans le grand Océan, au sud, savoir : la *Nouvelle-Géorgie*, les îles *Malouines*, l'archipel de *Magellan* ou *Terre de feu*, l'archipel de la *Mère-de-Dieu*, l'île de *Chiloé*, les îles de *Juan-Fernandez* et de *Gallapagos;* trois dans le grand Océan, au nord : les îles de *Révilla-Gigédo*, l'archipel de *Quadra* et de *Vancouver*, et l'île de *Kodiak;* 5° les îles de la mer de *Béhring*.

PRESQU'ILES.

Les six *presqu'iles* les plus remarquables de l'Amérique sont : le *Labrador* et la *Nouvelle-Écosse* ou *Acadie*, dans la Nouvelle-Bretagne ; la *Floride*, au sud-est des États-Unis; la *Californie* et l'*Yucatan*, dans le Mexique; la presqu'île d'*Alaska*, dans l'Amérique russe.

CAPS.

On compte douze *caps* principaux en Amérique : 1° neuf à l'est: le cap *Farewel*, au sud du Groënland ; les caps *Wostenholm* et *Charles*, dans le Labrador ; le cap *Sable*, au sud de la Nouvelle-Écosse ; le cap *Tancha*, au sud de la Floride ; le cap *Catoche*, au nord-est de l'Yucatan ; le cap *Saint-Roch*, à l'est du Brésil ; le cap *Froward*, à la pointe sud de l'Amérique méridionale, et le cap *Horn*, au sud de l'Archipel de Magellan ; 2° trois à l'ouest : le cap *Blanc*, au nord du Pérou ; le cap *Saint-Lucas*, au sud de la Californie ; le cap *Occidental*, à l'ouest de l'Amérique russe, vis-à-vis du cap Oriental, situé en Asie.

MONTAGNES.

Les sept *chaines* principales de l'Amérique sont : les monts *Alléghany*, dans les Etats-Unis; les monts *Rocheux*, la *Sierra-Verdé*, la *Sierra-de-los-Mimbres*, la *Sierra-de-la-Madré*, qui parcourent, du nord au sud, l'Amérique septentrionale ; la *Cordillère* des *Andes*, qui parcourt l'Amérique méridionale du nord au sud ; et les monts du *Brésil*.

VOLCANS.

Les cinq principaux *volcans* sont : le mont *Saint-Elie*, dans l'Amérique russe ; le mont *Popocatépetl*, dans le Mexique ; le *Cotopaxi* et le *Pichincha*, dans la Colombie, et le volcan d'*Aréquipa*, dans le Pérou.

LACS.

Les onze *lacs* principaux de l'Amérique sont : 1° dans

l'Amérique septentrionale, les lacs de l'*Esclave* et *Winni-*
peg, dans la Nouvelle-Bretagne ; les lacs *Supérieur*, *Mi-*
chigan, *Huron*, *Erié* et *Ontario*, au nord des États-Unis ;
le lac *Nicaragua*, dans le Guatémala ; 2° dans l'Amérique
méridionale, le lac *Maracaïbo*, dans la Colombie ; le lac de
Titicaca, entre le Pérou et le Haut-Pérou, et le lac de *Los-*
Patos, au sud du Brésil.

FLEUVES.

On compte en Amérique treize *fleuves* princincipaux, dont
sept dans l'Amérique septentrionale, qui sont : le fleuve
Mackensie, qui se jette au nord ; le fleuve *Nelson*, qui se
jette dans la baie d'*Hudson ;* le fleuve *Saint-Laurent*, qui
se jette dans l'océan Atlantique ; le *Mississipi* et le *Rio-del-*
Norté, qui se jettent dans le golfe du Mexique ; la *Colom-*
bia, qui se jette dans le grand Océan, et le *Colorado*, qui
se jette dans le golfe de Californie ; six dans l'Amérique
méridionale ; ce sont : la *Madeleine*, qui se jette dans la
mer des Antilles ; l'*Orénoque*, le fleuve des *Amazones*, le
Tocantins, le *San-Francisco* et la *Plata*, qui se jettent
dans l'océan Atlantique.

RIVIÈRES.

Les quinze principales *rivières* de l'Amérique sont : le
Missouri, l'*Ohio*, l'*Arkansas* et la rivière *Rouge*, qui se jettent
dans le Mississipi ; l'*Ucayalé*, le *Rio-Négro*, la *Madeira*, le
Topayos et le *Xingu*, qui se jettent dans l'Amazone ; le *Cas-*
siquiaré, qui fait communiquer l'Orénoque avec le Rio-Négro et l'Amazone ; l'*Araguay*, qui se jette dans le Tocantins ;
le *Paraguay*, le *Parana*, le *Policomayo* et l'*Uruguay*, qui
forment la Plata.

SECTION SEPTIÈME.

OCÉANIE.

L'*Océanie* se divise en trois parties principales, qui sont : la *Notasie*, l'*Australie* et la *Polynésie*.

Notasie.

La *Notasie* comprend quatre groupes principaux, qui sont : les îles de la *Sonde*, les îles *Célèbes*, les *Moluques* et les *Philippines*.

Les principales îles de la Sonde sont : *Java*, villes pr., Batavia, Bantam et Chéribon; *Sumatra*, villes princ., Achem, Palembang et Bencoulen ; *Bornéo*, *Bali*, *Sumbava*, *Flores*, *Sumba* et *Timor*.

Les principales îles des Moluques sont : *Gilolo*, *Ceram*, *Bouro* et *Amboine*.

Les principales îles des Philippines sont : *Luçon*, capit., Manille ; *Mindanao*, capit., Mindanao, et l'île de *Palawam*.

Australie.

L'*Australie* comprend la *Nouvelle-Hollande*, la terre de *Diémen*, la *Nouvelle-Guinée*, la *Nouvelle-Irlande*, la *Nouvelle-Bretagne*, les îles *Salomon*, les *Nouvelles-Hébrides*, ou archipel du *Saint-Esprit*, la *Nouvelle-Calédonie* et la *Nouvelle-Zélande*.

Polynésie.

La *Polynésie* se divise en septentrionale et méridionale.

La Polynésie septentrionale comprend : les îles *Bonin* et *Granpus*, les *Marie-Anne*, les *Pelew*, les *Carolines*, les *Mulgraves*, les *Sandwich* et l'archipel d'*Anson*.

La Polynésie méridionale comprend : les îles *Kings-Mill*, celles des *Navigateurs*, les îles *Fidji*, les îles des *Amis*, les îles de la *Société*, les *Marquises*, l'archipel de la mer *Mauvaise*, et l'archipel *Dangereux*.

ABRÉGÉ

D'ARITHMÉTIQUE DÉCIMALE.

DE LA NUMÉRATION.

La *Numération* est l'art de représenter et d'énoncer la valeur des nombres. Pour représenter les nombres, on se sert de dix caractères ou chiffres, qui sont : 0, 1, 2, 3, 4, 5, 6, 7, 8, 9.

Pour exprimer les autres nombres, on est convenu que de dix *unités* simples on en ferait une seule, à laquelle on donnerait le nom de *dizaine;* que de dix *dizaines* on en ferait une seule *unité*, qui se nommerait *centaine*, etc. Ainsi *cent trente-six* s'écrit 136 : le premier chiffre à gauche exprime une *centaine;* le second, trois *dizaines;* et celui de la droite, six *unités*.

Les chiffres ont deux valeurs : l'une se nomme *absolue*, et l'autre *relative*. La valeur absolue d'un chiffre est celle qu'il a, étant considéré seul. La valeur relative d'un chiffre est celle que lui donne le rang qu'il occupe : ainsi, dans 67, la valeur absolue du premier chiffre est 6 ; sa valeur relative est six dizaines ou soixante, parce qu'il est au second rang, et la valeur du second chiffre est 7.

La propriété fondamentale de la numération, c'est qu'un chiffre placé à la gauche d'un autre, ou suivi d'un zéro, vaut dix fois plus que s'il était seul; et à mesure qu'un chiffre est avancé d'un rang vers la gauche, chacune des unités en vaut dix du chiffre qui est immédiatement à sa droite; au contraire, à mesure qu'un chiffre est reculé d'un rang vers la droite, les unités de ce chiffre valent dix fois moins que chaque unité du chiffre qui le précède vers la gauche.

On doit conclure de ces principes que, pour multiplier un nombre par dix, par cent, par mille, etc., il suffit de mettre, à sa droite, un, deux ou trois zéros, etc.; et que, pour diviser un nombre par dix, par cent, par mille, etc., il suffit de retrancher, à sa droite, un, deux ou trois zéros, etc.

Pour énoncer aisément un nombre composé de plusieurs chiffres, on le partage en tranches de trois chiffres chacune, en commençant par la droite, et on leur donne les noms suivants : *unités*, *mille*, *millions*, *billions*, *trillions*, etc., etc. Ainsi, le nombre 345, 678, 907, 654, 526, s'exprime en disant : trois cent quarante-cinq *trillions*, six cent soixante-dix-huit *billions*, neuf cent sept *millions*, six cent cinquante-quatre *mille*, trois cent vingt-six *unités*.

De l'Addition.

L'*addition* est une opération par laquelle on joint ensemble plusieurs quantités de même espèce, pour en faire un seul nombre, que l'on appelle *somme* ou *total*.

Pour bien poser l'addition, il faut écrire les nombres de même espèce les uns sous les autres, les unités sous les unités, les dizaines sous les dizaines, les centaines sous les centaines, etc. Il faut commencer l'addition par la colonne des chiffres qui est à la droite, afin de porter les dizaines qui proviennent de l'addition des unités, à la colonne des dizaines, et les centaines qui proviennent de la colonne des dizaines, à la colonne des centaines ; ainsi de suite.

Exemple de l'addition en nombres simples.

Opération.

```
      428 fr.
      635
      874
     _____
Somme, 1937
```

Après avoir posé les nombres les uns sous les autres, je commence par additionner les unités, en disant : 8 et 5 font 13, et 4 font 17 : en dix-sept unités il y a une dizaine et sept unités ; je pose 7 unités et je retiens 1 dizaine, pour la porter au rang des dizaines. A la seconde colonne, qui est celle des dizaines, je dis : 1 de retenu et 2 font 3, et 3 font six, et 7 font 13 : en treize dizaines il y a 1 centaine et 3 dizaines ; je pose 3 au rang des dizaines, et je retiens 1 centaine. Je passe à la troisième

colonne, en disant : 1 de retenu et 4 font 5, et 6 font
11, et 8 font 19 ; je pose 9 au rang des centaines et
j'avance 1 au rang des mille : j'ai 1937 pour la somme
ou le total des trois nombres proposés.

Exemple de l'addition en nombres composés.

4,684 fr.	4 déc.	5 cent.		4,684,	45
6,844	8	7		6,844,	87
8,446	9	8		8,446,	98
9,784	5	3		9,784,	53
4,567	7	8	ajoutés ensemble	4,567,	78

Somme , 34,528, 61

Pour faire cette addition , je commence par les centimes qui forment la première colonne à droite, et sans
faire attention à la virgule, en disant : 5 et 7 font 12 ,
et 8 font 20, et 3 font 23, et 8 font 31 ; on pose 1
sous ladite colonne, et on retient 3 , qui sont des décimes, en disant 3 de retenus et 4 font 7, et 8 font 15 ,
et 9 font 24, et 5 font 29, et 7 font 36; on pose 6, et
l'on retient 3 francs pour la colonne des francs : le reste
se fait comme à l'addition simple.

Preuve de l'addition.

La preuve de l'addition se fait par la soustraction ; mais
on commence par la gauche : on ôte le total de chaque
colonne du nombre qui est au-dessus ; on pose le reste
sous ce nombre, pour le joindre avec le chiffre qui répond
à la colonne suivante ; de cette quantité on retranche la
totalité de la colonne : on continue ainsi jusqu'à la dernière colonne. Si du total de l'addition on peut ôter sans
reste le montant de toutes les colonnes, c'est-à-dire, s'il
vient zéro sous la dernière, c'est une preuve que la règle
est bien faite.

428
655
874

1,937 Somme.

110 Preuve.

Je fais la preuve en disant : 4 et 6 font 10, et 8 font 18, lesquels ôtés de 19, il reste 1, que je pose sous le nombre; et joignant cet 1 avec le 3, cela fait 13 : je passe à la colonne suivante, et dis : 2 et 3 font 5, et 7 font 12, qui étant ôtés de 13, il reste 1, que je pose, et qui, joint avec le 7, fait 17 : j'additionne la dernière colonne, 8 et 5 font 13, et 4 font 17, ôtés de 17, il ne reste rien; je pose zéro. La règle est donc bonne. La preuve de l'addition des nombres composés se fait comme pour les nombres simples.

De la Soustraction.

La *soustraction* est une opération par laquelle on retranche un nombre d'un autre nombre de même espèce, pour connaître de combien le plus grand surpasse le plus petit.

On nomme le résultat de la soustraction *reste*, *excès* ou *différence*. Pour faire la soustraction, on écrit le plus petit nombre sous le plus grand, on ôte ensuite les unités du plus petit de celles du plus grand, et l'on met le reste au-dessous de la même colonne; on ôte de même les dizaines, les centaines, etc. Si le chiffre inférieur est égal à son correspondant supérieur, on pose zéro; si le chiffre inférieur est plus grand que le supérieur, on augmente celui-ci de dix unités, valeur d'une unité qu'on emprunte sur le chiffre à gauche, qu'il faut considérer comme l'ayant de moins.

Exemple de la soustraction en nombres simples.

Opération.

785 fr.
423
―――――
Reste   562
Preuve   785

Après avoir placé le plus petit nombre sous le plus grand, commençant par la droite, je dis : 3 ôtés de 5, reste 2, que je pose dessous; ensuite, 2 ôtés de 8, reste 6, que je pose de même ; enfin, 4 ôtés de 7 , reste 3. Le reste ou la différence est donc 562. Pour la preuve, j'additionne la petite quantité 425 avec le reste 562 : il vient 785 , qui est le grand nombre, ce qui prouve que la règle est bonne.

Exemple de la soustraction en nombres composés.

De...	6,578 fr.	45 cent.
Otez.	4,769	69
Reste	1,808	76
Preuve	6,578	45

Pour faire cette opération, je dis : 9 ôtés de 5 , ne se peut ; j'emprunte 1 décime sur le 4 , qui vaut 10 centimes, que je joins au 5 , qui font 15 ; alors, 9 ôtés de 15, reste 6 ; je passe à la colonne des décimes , et ayant emprunté 1 sur le 4 , il ne vaut plus que 3 : je dis donc : 6 ôtés de 5 , ne se peut ; j'emprunte sur le 8 , 1 fr., qui vaut 10 décimes , que je joins aux 3 restants, et j'ai 13, dont j'ôte 6 , reste 7 ; ainsi des autres.

S'il arrive que l'un des deux nombres proposés ait moins de décimales que l'autre, on ajoutera , à celui qui en a le moins , autant de zéros qu'il est nécessaire pour qu'il ait le même nombre de décimales que celui qui en a le plus. Il est clair que ces zéros ne changent rien à la valeur du nombre primitif, puisque l'expression de 8 décimes est semblable à celle de 80 centimes.

EXEMPLE. Un menuisier avait 846 mètres 8 décimètres de menuiserie à faire ; il en a fait 682 mètr., 6 décimèt., 4 centimètr. : on demande ce qu'il lui en reste encore à faire. R. 164 mètr. 16 centimètr.

	846 mètres	80
	682	64
Reste	164	16
Preuve	846	80

Un orfèvre a vendu 480 grammes d'argent , et en a déjà

livré 521 grammes 7 décigrammes 4 centigrammes : on demande combien il lui en reste à livrer. R. 158 grammes 26 centigrammes.

480 grammes, 00
521   74 Faites l'opération.

De la Multiplication.

La *multiplication* est une opération par laquelle on répète un nombre, qu'on appelle *multiplicande*, autant de fois que l'unité est contenue dans un autre nombre, appelé *multiplicateur*, pour avoir un résultat, que l'on nomme *produit*. Ainsi, multiplier 4 par 3, c'est répéter 4 trois fois, pour avoir 12 au produit.

On connaît le multiplicande en ce qu'il est de même nature que le produit. Le multiplicateur est le nombre qui indique combien de fois il faut répéter le multiplicande. Les deux termes de la multiplication s'appellent *facteurs* de la multiplication ou du produit. On veut multiplier 532 par 4, quel sera le produit? R. 2,128.

Multiplicande,   532
Multiplicateur,   4
_____
                        2,128

Pour faire cette multiplication, je commence à droite, par les unités, en disant : 4 fois 2 ou 2 fois 4 font 8; je pose 8 sous les unités; je passe au second chiffre, en disant : 4 fois 3 font 12, c'est-à-dire 12 dizaines, parce que je multiplie des dizaines par des unités; je pose 2 dizaines et j'en retiens 10, qui font 1 centaine, pour la joindre au troisième produit, que je fais en disant : 4 fois 5 font 20, et un de retenu font 21, que je pose en entier, parce qu'il n'y a plus rien à multiplier. Le nombre 2,128 est le produit demandé; il contient 4 fois le multiplicande; car il renferme 4 fois les unités, 4 fois les dizaines et 4 fois les centaines : il renferme donc 4 fois tout le nombre 532.

Que faut-il payer pour 298 mètres de drap à raison de 26 francs le mètre? R. 7,748 fr.

Opération.

Multiplicande,	298
Multiplicateur,	26
	1,788
	. 5,96
Produit total,	7,748 fr. .

Lorsque les facteurs ont plusieurs chiffres, il faut multiplier tous les chiffres du facteur supérieur par chaque chiffre du facteur inférieur de la manière enseignée ci-dessus ; mais il faut observer la place que doit occuper le premier chiffre de chaque produit. Lorsqu'on multiplie par des unités, le produit donne des unités ; si l'on multiplie par des dizaines, le produit sera des dizaines ; si c'est par des centaines, le produit sera des centaines, etc. Ainsi, lorsqu'on multipliera par le deuxième chiffre, on mettra le premier chiffre de ce produit sous les dizaines et les autres en avançant vers la gauche : lorsqu'on multipliera par le troisième chiffre, on posera le premier chiffre du produit au rang des centaines ; et ainsi des autres, toujours en avançant d'une place vers la gauche.

La multiplication des nombres composés n'emporte pas plus de difficulté que celle des nombres simples. On écrira le multiplicateur au-dessous du multiplicande, à l'ordinaire, en séparant les décimales par une virgule ; puis l'on opérera sans s'embarrasser de la virgule. L'opération finie, on placera la virgule dans le produit, en laissant à droite autant de chiffres qu'il y a de décimales, tant dans le multiplicateur que dans le multiplicande, et ces chiffres seront alors des décimes et centimes, des décilitres et centilitres, etc., suivant la nature du multiplicande.

La preuve de la multiplication se fait par une autre multiplication, dont l'un des facteurs est 2 fois, 5 fois, 4 fois, etc. plus petit, l'autre 2 fois, 5 fois, 4 fois, etc. plus grand que ceux de la règle, et le produit doit être égal.

Preuve.

Moitié du multiplicande,	149	
Double du multiplicateur,	52	
	298	prod. part. des 2 unités,
	745	prod. part. des 2 diz.
Produit total,	7.748	fr.

Que faut-il payer pour 4,506 chevaux, à raison de 208 fr. chaque?

Multiplicande,	4506 fr.
Multiplicateur,	208
	36048
	90120
Total,	937,248 fr.

Pour faire cette opération, je dis: 8 fois 6 font 48; je pose 8 sous les unités, et le 4 sous les dizaines à cause du zéro qui se trouve au multiplicateur; ensuite je dis: 8 fois 5 font 40; je pose zéro et retiens 4; 8 fois 4 font 32, et 4 de retenus font 36; je pose 36. Passant aux dizaines, je pose le zéro au rang des dizaines; puis je multiplie tout le multiplicateur par les 2 centaines du multiplicande, disant: 2 fois 6 font 12; je pose 2 au rang des centaines, et la dizaine au rang des mille; ensuite je dis: 2 fois 5 font 10; je pose 0 et retiens 1: 2 fois 4 font 8, et un de retenu font 9; je pose 9.

Exemple de multiplication d'un nombre composé
par un nombre simple.

Combien coûteront 86 mètres de drap, si le mètre coûte 36 francs 6 décimes 4 centimes? R. 3,151 fr. 04 cent.

Opération.

Multiplicande,	3664
Multiplicateur,	86
	21984
	29312
	3,151,04

Preuve.

Moitié du multiplicande,	1832
Double du multiplicateur,	172
	3664
	12824
	3,151,04

Exemple de multiplication d'un nombre composé par un nombre composé.

Un marchand épicier a vendu 1468 kilogramm. 8 décagramm. et 6 gramm. de sucre, à 3 fr. 45 cent. le kilogr. : combien fait le tout? — R. 5,067 fr. 56 cent. et 70 de reste.

Opération.

$$
\begin{array}{r}
1468{,}86 \\
3{,}45 \\
\hline
7\ 34430 \\
58\ 7544 \\
440\ 658 \\
\hline
506{,}75670
\end{array}
$$

Il est rare que l'on emploie dans l'usage ordinaire du commerce plus de deux décimales; on négligera donc le reste comme peu important, observant cependant que, si le premier chiffre de ce reste est un 5 ou au-dessus, on ajoutera une unité au dernier chiffre conservé.

De la Division.

La *division* est une opération par laquelle on cherche combien de fois un nombre qu'on appelle *dividende* en contient un autre qu'on appelle *diviseur;* ce combien de fois se nomme *quotient.*

On peut définir la division : 1° une opération par laquelle on ôte une quantité d'une autre plus grande autant de fois qu'elle y est contenue ; 2° une opération par laquelle on partage une quantité donnée en autant de parties égales que l'on veut. Ainsi, diviser 12 par 3, par exemple, c'est chercher combien de fois 12 contient 3 ; ou bien c'est ôter 3 du nombre 12 autant de fois qu'il y est contenu ; ou bien encore, c'est partager le nombre 12 en trois parties égales.

Pour faire une division, on place sur une même ligne le dividende et le diviseur, séparés par une accolade : sous le diviseur on met le quotient, qui est la réponse.

8

EXEMPLE :

Dividende , 18 (6 diviseur.
_____
(3 quotient.

Il doit y avoir au quotient autant de chiffres qu'il y a de membres dans la division. On appelle membres de division les différentes parties du dividende, pour lesquelles il faut faire des divisions particulières lorsqu'on ne peut le diviser tout d'un coup. En prenant d'abord autant de chiffres à la gauche du dividende qu'il en faut pour que tout le diviseur soit contenu, on a le premier membre; et le nombre de figures qui restent au dividende indique combien il doit y avoir de membres avec le premier. Si donc, après avoir déterminé le premier membre, il reste encore deux chiffres, il y aura trois membres de division, et par conséquent trois chiffres au quotient. Il est bon de mettre un point après le premier membre.

Il faut observer dans la division de chaque membre : 1° que le produit du diviseur par le chiffre que l'on pose au quotient doit toujours être moindre que le membre que l'on divise, ou lui être égal; 2° que le restant de chaque division doit toujours être moindre que le diviseur; 3° qu'il ne peut jamais y avoir plus de 9 au quotient, pour chaque membre de division : 4° que lorsqu'après avoir descendu un chiffre pour former un nouveau membre, il arrive que le diviseur n'y est pas contenu, c'est-à-dire que le membre est plus petit que le diviseur, il faut poser un zéro au quotient, et descendre un autre chiffre pour former le membre suivant : on voudrait savoir combien de fois le nombre 6 est contenu dans 924. — R. 154 fois.

Dividende , 924 (6 diviseur.
          6 (154 quotient.
          _____
2ᵉ membre. 32
          30
          _____
          24
3ᵉ membre , 24
          _____
          00

Preuve ,   154
                6
             ─────
             924

Je commence cette opération par la gauche , en disant :
en 9 combien de fois 6 ? il y est une fois ; je pose 1 au
quotient , par lequel je multiplie le diviseur ; je mets le produit 6 sous le premier membre de la division , j'ôte ce 6
de 9 ; il reste 3 ; à côté de ce 3 , je descends la figure suivante et j'ai 32 pour second membre ; je dis donc : en 32
combien de fois 6 ? il y est 5 fois, que je pose au quotient ;
ensuite je dis : 5 fois 6 font 30 , que je pose sous 32 ; je
fais la soustraction , il reste 2 , à côté duquel je descends
le 4 , et j'ai 24 pour troisième membre , que je divise par
6 : il vient quatre au quotient ; enfin je dis : 4 fois 6 font
24 , que je pose sous ce troisième membre, pour en faire
la soustraction : il ne reste rien. Le diviseur est donc contenu 154 fois dans le dividende 924.

Pour faire la preuve , je multiplie le diviseur par le quotient ; le produit donne le dividende , ce qui prouve que
la règle est bien faite.

Un capitaine a destiné 4,738 francs pour être distribués
à 54 de ses soldats : on demande combien chacun aura pour
sa part. — R. 87 fr., plus 40 fr. de reste.

                     Opération.

1ᵉʳ membre,   4,738 ⌈ 54
                    432   ⌊ 87

2ᵉ membre,   418
                    378
                  ─────
Reste ,   40

Preuve,   54
                    87
                  ─────
                    378
                    432
                     40
                  ─────
                  4,738

Dans cette opération, le diviseur 54 étant plus grand
que les deux premiers chiffres, 47, du dividende, il en faut
prendre trois pour en faire le premier membre; alors je dis :
en 47 combien de fois 5? il semble qu'il peut y aller 9
fois; mais 54 multiplié par 9 donnerait 486, qui est plus
fort que 475; il ne peut donc y aller que 8 fois; je mets
donc 8 au quotient, par lequel je multiplie le diviseur, et
j'ai 432 à soustraire du premier membre; il reste 41; je
descends 8, et j'ai 418 pour deuxième membre; je dis
donc: en 41 combien de fois 5? je vois qu'il ne peut y
aller que 7 fois; je pose 7 au quotient, et je multiplie 54
par ce 7; il vient 378, à soustraire du deuxième membre.
La règle finie, je trouve que chaque partageant aura 87
francs, et qu'il restera encore 49 francs à répartir entre
eux. Je fais la preuve, à laquelle j'ajoute le reste 40
francs.

Un particulier a 8,764 francs de rente annuelle : combien a-t-il à dépenser par jour? — R. 24 francs, et 4 francs
de reste.

Opération.

```
              8,764 ( 365
2ᵉ membre,    1464  (  24
Reste,           4
```

La méthode que l'on a suivie en portant sous le membre
de division le produit du diviseur par chaque chiffre du
quotient, étant un peu longue, on peut faire la multiplication du diviseur à mesure qu'on met un chiffre au quotient, et faire la soustraction sans poser le produit : ainsi,
dans cette opération, je dis: en 8 combien de fois 5? il y
est 2, que je pose au quotient; puis, multipliant le diviseur, je dis : 2 fois 5 font 10, lesquels ôtés de 16 (parce
que j'emprunte sur le 7 une unité qui vaut 10), il reste
6, et je retiens 1; 2 fois 6 font 12, et un de retenu font
13, qui ôtés de 17, reste 4, je retiens 1; enfin: 2 fois
5 font 6, et 1 de retenu font 7, qui ôtés de 8, reste 1:
je descends le 4 pour former le deuxième membre, et je
dis: en 14 combien de fois 5? il y est 4, par lequel je
multiplie 365; en ôtant le produit du second membre,

comme on a fait pour le premier, il reste 4, qu'il faut ajouter à la preuve.

Exemple d'une division en nombre composé.

Un particulier, ayant acheté 946 hectolitres de vin pour 43,279 francs 50 centimes, désire savoir à combien lui revient chaque hectolitre.

Pour faire cette opération, je pose les francs et les centimes sans les séparer par une virgule, ce qui rend le nombre du dividende cent fois plus grand ; il faut donc rendre aussi le diviseur cent fois plus grand : pour cet effet, j'y ajoute deux zéros, et je fais mon opération sans faire attention aux parties décimales.

Toutes les fois que le nombre des décimales du diviseur n'est pas égal à celui du dividende, on les rendra égaux en y ajoutant un ou plusieurs zéros, pour qu'il y ait autant de parties décimales au dividende qu'au diviseur.

Opération.

```
43279 50  ( 94600
 5459 50  ( 45,75
  799 500
  47 5000
   . . . . .
```

Pour faire cette opération, on a suivi la méthode expliquée ci-dessus ; quand les entiers ont été opérés, on a ajouté un zéro au reste pour avoir des décimales ; comme, après avoir eu des décimes, le reste était encore trop fort, on y a ajouté un zéro, et on a eu des centimes ; il ne reste rien, donc la règle est finie : on voit que l'hectolitre lui revient à 45 francs 75 centimes.

Un particulier ayant acheté 68 stères 4 décistères et 6 centistères de bois de chauffage, qui lui ont coûté 913 fr. 4 décimes, on demande à combien lui revient le stère.

Opération.

```
913 40  ( 6846
228 80  ( 13.342
 25 420
 2 8820
  14360
   668
```

Je supprime la virgule, et j'ajoute un zéro à la suite du dividende, pour égaler dans ce facteur le nombre de chiffres décimaux qui se trouve dans le diviseur; après quoi je divise comme à l'ordinaire.

On peut abréger la division, 1° lorsque le diviseur est un chiffre seul; 2° lorsque le diviseur est formé de deux facteurs chacun d'un seul chiffre; 3° en retranchant un nombre égal de zéros à la droite du dividende et du diviseur; 4° lorsque le diviseur est l'unité suivie d'un ou de plusieurs zéros.

Exemple du premier cas.

Partagez 94,568 francs entre 8 personnes; prenez le huitième, 11,821 fr., pour chaque personne.

Exemple du second cas.

On veut partager 98,424 francs entre 72 personnes : quelle sera la part de chacune?—R. 1,367 fr. Les facteurs de 72 sont 8 et 9, parce que 8, multiplié par 9, égale 72.

$$98424$$

Le $\frac{1}{9}$ 10936
Le $\frac{1}{8}$ 1367

Exemple du troisième cas.

Un marchand a acheté 3,700 aunes de siamoise, qui lui ont coûté 14,800 fr. : on demande à combien lui revient l'aune?— R. 4 francs. Il faut retrancher autant de zéros au dividende qu'au diviseur, et faire l'opération à l'ordinaire.

$$148 \; \Big\{ \; \dfrac{37}{4\,\text{fr.}}$$
$$00$$

Exemple du quatrième cas.

Il faut retrancher autant de chiffres de la droite du dividende qu'il y a de zéros au diviseur, et les chiffres retranchés forment le restant.

Si on partage 3,476 fr. entre 10 personnes, combien auront-elles chacune ? — R. 347 fr. et 6 fr. de reste.

TABLE DE MULTIPLICATION.

2 fois	2 font	4	5 fois	5 font	25
2 fois	3 font	6	5 fois	6 font	30
2 fois	4 font	8	5 fois	7 font	35
2 fois	5 font	10	5 fois	8 font	40
2 fois	6 font	12	5 fois	9 font	45
2 fois	7 font	14	5 fois	10 font	50
2 fois	8 font	16			
2 fois	9 font	18	6 fois	6 font	36
2 fois	10 font	20	6 fois	7 font	42
			6 fois	8 font	48
3 fois	3 font	9	6 fois	9 font	54
3 fois	4 font	12	6 fois	10 font	60
3 fois	5 font	15			
3 fois	6 font	18	7 fois	7 font	49
3 fois	7 font	21	7 fois	8 font	56
3 fois	8 font	24	7 fois	9 font	63
3 fois	9 font	27	7 fois	10 font	70
3 fois	10 font	30			
			8 fois	8 font	64
4 fois	4 font	16	8 fois	9 font	72
4 fois	5 font	20	8 fois	10 font	80
4 fois	6 font	24			
4 fois	7 font	28	9 fois	9 font	81
4 fois	8 font	32	9 fois	10 font	90
4 fois	9 font	36			
4 fois	10 font	40	10 fois	10 font	100

Manière de dresser et d'écrire correctement des Promesses, Quittances, Billets et Pétitions.

Promesse.

Je soussigné, N., reconnais et promets de payer à Monsieur N., dans deux mois, la somme de
Et ce pour pareille somme qu'il m'a prêtée. Fait à
ce

Autre promesse.

Je reconnais avoir en mes mains la somme de
appartenant à Madame N., qu'elle m'a prié de lui garder ; en reconnaissance de quoi, et pour sa sûreté, je lui ai donné la présente, laquelle me rapportant, je lui rendrai ladite somme. Fait à   le

Promesse solidaire.

Nous soussignés promettons payer solidairement à M. N., le 15 avril prochain, six cents francs qu'il nous a prêtés. A   le

Promesse où la femme s'oblige avec son mari.

Nous soussignés, Pierre Courteil et Anne Sandier, que j'autorise à l'effet des présentes, promettons payer solidairement à M. Saffin, le premier février 184., la somme de·   qu'il nous a prêtée. Fait à

Promesse pour reste de somme due.

Je reconnais devoir à Monsieur N. la somme de
restante de celle de   qu'il m'avait prêtée, laquelle somme de   je promets de lui payer dans l'espace de six mois. Fait à   ce

Quittance d'une somme payée en grains.

Je reconnais avoir reçu de N. la somme de cent vingt-cinq francs, de laquelle je suis convenu avec lui pour tous grains, tant blé, orge, avoine, qu'il me doit du reste des années passées; au moyen de quoi je quitte ledit N. pour ledit temps. Fait à   ce

Quittance d'un ouvrier.

Je soussigné, N., reconnais avoir reçu de N. la somme de   pour avoir travaillé deux mois, à raison de trois francs par jour; de laquelle somme je me tiens content pour mondit travail, et quitte ledit N. jusqu'à ce jour. Fait à   le

Quittance donnée par une femme en l'absence de son mari.

Je soussigné, N., femme de   de lui autorisée, reconnais avoir reçu de N. la somme de   à compte de ce qu'il doit à mon mari par sa promesse ou obligation du   de laquelle somme je promets audit N. lui tenir ou faire tenir compte, sur et en dé-duction de ladite somme de   au moyen de quoi, je lui ai donné la présente.

Quittance pour loyer de maison.

Je reconnais avoir reçu de M. N. la somme de pour une année de loyer de la boutique (ou appartement) qu'il tient de moi, échue au terme de Pâques ou de.... de laquelle somme je le quitte. Fait à   ce

Lettre de change.

Lyon, le 24 janvier 184.   Pour 152 fr.
A huit jours de vue, il vous plaira payer à Monsieur N. la somme de cent cinquante-deux francs, valeur reçue de Monsieur N., que je vous passerai en compte, suivant l'avis de

                         Votre très humble
   A M.   serviteur,
   M   N.

Billet à ordre.

Au trente   prochain, je paierai à Monsieur N.,

ou à son ordre, la somme de cent trente francs, valeur reçue en marchandises.

Lyon, ce

  B. P. 130 fr.   (*Signature.*)

Autre billet à ordre.

Au vingt   prochain, je paierai à Monsieur N., ou à son ordre, la somme de deux cents francs, valeur reçue comptant dudit

Lyon, ce

  B. P. 200 fr.   (*Signature.*)

Lettre de voiture.

    M.

A la garde de Dieu et conduite de voiturier par terre, demeurant à   je vous envoie un ballot contenant   marqué P. T., le tout pesant   lequel ayant reçu bien conditionné, vous lui paierez sa voiture à raison de centimes pour chaque   pesant,   suivant l'avis de   votre serviteur, et suis, etc.

Procuration.

Je soussigné, A....   donne par le présent pouvoir à C.... pour moi et en mon nom (désigner le motif de la procuration).

Je promets d'exécuter et d'accomplir tout ce qu'il aura réglé à cet égard.

  A

Pétitions.

Lorsqu'on adresse des pétitions à LL. MM. Royales, des suppliques aux Maréchaux de France, aux Ministres, et à tous les chefs d'Administration, on met en tête la date, ainsi que ces mots :

  A sa Majesté le....

  A son Altesse Royale....

  A son Altesse Sérénissime....

  A Monseigneur le Duc....

Ensuite on écrit à une distance un peu éloignée de l'adresse :

Sire ,

Le...., etc. On motive brièvement sa demande et l'on termine ainsi :

Agréez, Sire, les sentiments de respect et d'obéissance avec lesquels le fidèle.... est, de VOTRE MAJESTÉ, le très humble et très soumis serviteur.

Il faut laisser, à gauche, une marge d'environ deux pouces.

Les pétitions doivent être mises sous enveloppe avec les qualités des personnes à qui elles sont adressées.

SYSTÈME MÉTRIQUE.

Are (masculin), surface, superficie, du latin *area*, surface, ou *arare*, labourer (décamètre carré), unité des mesures de l'Etat pour les évaluations des superficies des terrains, propre aux terrains précieux, et à déterminer les parties de l'*hectare*. Un *are* de terre en potager; un *hectare* trois *ares* de vignes, prés, etc.

Centi (fraction décimale), diminutif de *cent*, non numérique qui signifie la centième partie d'une chose.

Centiare (masc.), fraction décimale de l'*are* et sa centième partie, composée de *centi* et de *are* (mètre carré), propre aux plus petites évaluations des terrains. Parterre de cinq *ares* huit *centiares*.

Centigramme (masc.), fraction décimale du *gramme* et sa centième partie, composée de *centi* et de *gramme*, propre au titre de l'argent, poids pour la vente de certaines drogues en pharmacie, et les pesées précieuses de l'or et de l'argent. Un *centigramme* d'argent, d'or; pièce d'argent au titre de soixante-quinze *centigram.*; un *centigramme* d'émétique, etc.

Centilitre (masc.), fraction décimale du *litre* et sa centième partie, composée de *centi* et de *litre*, sert à évaluer avec précision les capacités de l'hectolitre et du décalitre, et à leur jaugeage; est propre seulement au commerce en détail des liquides.

Centime (masc.), fraction décimale du *franc* et sa centième partie. Un *franc* soixante-quinze *centimes*.

Centimètre (masc.), fraction décimale du *mètre* et sa centième partie, composée de *centi* et de *mètre*, propre aux petites mesures. Taille d'un *mètre* soixante-seize *centimètres*; planche d'un *centimètre* d'épaisseur.

Déca (décimale ascendante) , du grec *deca*, en latin *decem*, nom multiple qui signifie *dix fois* une chose.

Décagramme (masc.) , décimale ascendante du *gramme*, composée de *déca* et de *gramme*, poids propre aux pesées de peu de valeur pour toute sorte de commerce. Un *décagramme* d'argent, de cuivre, de plomb, etc.

Décalitre (masc.), décimale ascendante du *litre*, composée de *déca* et de *litre*, propre au commerce des matières sèches et liquides. Un *décalitre* de vin, d'huile, de vinaigre, de sel de charbon, etc.

Décamètre (masc.), décimale ascendante du *mètre*, composée de *déca* et de *mètre* (racine carrée de l'arc), propre aux mesures de longueur. Planche d'un *décamètre* de long ; maison d'un *décamètre* de surface.

Déci (fraction décimale), diminutif de *dix*, nom numérique qui signifie la *dixième* partie d'une chose.

Décigramme (masc.), fraction décimale du *gramme* et sa dixième partie, composée de *déci* et de *gramme*, propre aux pesées précieuses pour les matières d'or et d'argent, et la pharmacie. Un *décigramme* d'or, d'argent, de rhubarbe, etc.

Décilitre (masc.), fraction décimale du *litre* et sa dixième partie, composée de *déci* et de *litre*, propre au détail pour le commerce d'huile, de vin, de vinaigre. Un *décilitre* de vin, de bière, d'huile, etc.

Décime (masc.), fraction décimale du *franc* et sa dixième partie. Un *franc* cinq *décimes*.

Décimètre (masc.), fraction décimale du *mètre* et sa dixième partie, composée de *déci* et de *mètre* (racine cubique du litre). propre aux fractions du mètre pour évaluer les longueurs. Un bois d'un *décimètre* cube : trois *mètres* quinze *décimètres* de haut.

Décistère (masc.), fraction décimale du *stère* et sa dixième partie, composée de *déci* et de *stère*, mesure propre pour les fagots, et son double pour les falourdes.

Franc (masc.), unité des monnaies de l'État. Le *franc* d'argent est du poids de cinq grammes, d'un $\frac{1}{10}$ d'alliage. Un *franc* trois *centimes*, etc.

Gramme (masc.), poids , de *gramma* , poids *grec* , appelé *scrupule* par les Romains (poids d'un centimètre cubique d'eau distillée à la température de la glace). Unité des poids de l'État, propre aux petites pesées pour les matières d'or et d'argent, cuivre, etc., et à la pharmacie. Un *gramme* d'or fin , etc; un *gramme* de rhubarbe , de séné], etc.

Hecto (décimale ascendante), du grec *hékaton*, *centum*, cent, par syncope *hekto*, cent ; nom multiple qui signifie cent fois une chose. *Hécatombe* , sacrifice de cent bœufs, dérive de *hékaton*.

Hectare (masc.), décimale ascendante de l'*are* , composée de *hecto* et de *are* , par syncope *hectare* (hectomètre carré) , mesure propre à évaluer les superficies des terrains. Un *hectare* de terre labourable ; cinq *hectares* en prés , en vignes , etc.

Hectogramme (masc.), décimale ascendante du *gramme*, composée de *hecto* et de *gramme*, poids propre aux pesées pour toute sorte de commerce. Un *hectogramme* de fer, d'or, de plomb, d'huile , potasse , soude , farine , etc.

Hectolitre (masc.), décimale ascendante du *litre*, composée de *hecto* et de *litre* , mesure propre aux grandes capacités pour les matières sèches et liquides. Un *hectolitre* de vin , de bière , de froment , de farine , etc.

Hectomètre (masc.), décimale ascendante du mètre, composée de *hecto* et de *mètre* (racine carrée de l'hectare), mesure propre aux grandes évaluations de longueur. Place publique d'un *hectomètre* carré ; rue d'un *hectomètre* de long ; monument d'un *hectomètre* de haut ; montagne d'un *hectomètre* cube , etc.

Kilo (décimale ascendante) , du grec *chilioi*, *mille* , nom multiple qui signifie mille fois une chose.

Kilogramme (m.), décimale ascendante du *gramme*, composée de *kilo* et de *gramme* (poids d'un décimètre cubique d'eau), poids propre aux pesées pour tout genre de commerce. *Kilogramme* de fer , de plomb, de cuivre , d'acier , de farine , etc.

Kilolitre (masc.), décimale ascendante du *litre*, composée de *kilo* et de *litre* (mètre cube), mesure propre aux matières sèches seulement, et mesure de compte pour les liquides. Un *kilolitre* de farine, de seigle, etc.; vaisseau du port de vingt-cinq *kilolitres*.

Kilomètre (masc.), décimale ascendante du *mètre*, composée de *kilo* et de *mètre*, mesure itinéraire pour les petites distances et les bornes sur les routes, propre à évaluer les distances des cantons et des communes, ou la superficie du terrain d'une commune, d'un canton.

Litre (masc.), du grec *litra, mensura, mesure*, chez les anciens, servait pour les liquides (décimètre cube), unité des mesures de l'Etat pour les grains et les liquides; propre au commerce en détail. Un *litre* de vin, de bière, de farine, etc.

Mètre (masc.), mesure, du grec *metron*, *mensura*, *mesure*, (prototype, dix-millionième partie du quart du méridien de la terre), unité fondamentale des mesures et poids de l'Etat; unité des mesures de longueur, ou linéaires; propre à tout ce qui est susceptible d'être mesuré dans la nature. Un *mètre* de haut, cube, carré. Les termes *baromètre*, *thermomètre*, *graphomètre*, etc., en dérivent.

Milli (fraction décimale), diminutif de *mille*, nom numérique qui signifie la millième partie d'une chose. Il ne sert que pour les mesures de longueur et les poids, comme *millimètre*, *milligramme*.

Milligramme (masc.), fraction décimale du *gramme* et sa *millième* partie, composée de *mille* et de *gramme*, (poids d'un millimètre cubique d'eau), sert au titre de l'or et de l'argent, et à la pharmacie. Or au titre de trente *milligrammes*; dix *milligrammes* d'émétique.

Millimètre (masc.), fraction décimale du *mètre* et sa *millième* partie, composée de *milli* et de *mètre*, propre aux plus petites évaluations de longueur.

Myria (décimale ascendante), du grec *myrioi, decem*, *mille, dix mille*, nom multiple qui signifie *dix mille* fois une chose.

Myriagramme (masc.), décimale ascendante du *gramme*, composée de *myria* et de *gramme*, poids propre aux grosses pesées pour tout genre de commerce. Un *my-*

riagramme de fer, de plomb, etc. Ballot du poids de dix *myriagrammes*.

Myriamètre (masc.), décimale ascendante du *mètre*, composée de *myria* et de *mètre* (millième partie du quart du méridien de la terre); distance itinéraire, géographique et maritime.

Stère (masc.), du grec *stéréos, solidus, solide* (mètre cube), mesure de l'Etat pour le commerce des bois de chauffage. Un *stère* de bois neuf, de gravier, etc.

Le *myriamètre* sert à évaluer les grandes distances, et le *kilomètre* les petites.

Le degré géographique est divisé en dix *myriamètres;* le quart de cercle se divise en cent *degrés*, le degré en cent *minutes*, la minute en cent *secondes*, etc.

Le degré vaut 55
La minute. 52, 4
La seconde 0,524
La longueur du degré terrestre. . . . . 100,000 m.
La minute terrestre 1,000
La seconde terrestre 10
Le rayon moyen de la terre 6,566,198

FIN.

ORBIDAÏE.

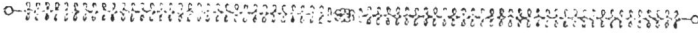

INTRODUCTION.

—◦◦◦—

Le terme *Orbidaïe* veut dire je donne à l'univers des lettres, lettres qui se jouent de toute difficulté linguistique.

La forme de ces caractères nouveaux, leur office et sur-tout leurs évolutions, dont la clé est prise dans la nature, tout les rend éminemment propres à constituer une *langue Universelle*. Les caractères français sont les types, les fon-dements des lettres nouvelles, nommées *Orbidales* ou *lettres Orbidaïques;* elles ont été inventées pour créer un langage

aisé, lucide, débarrassé d'épines, d'entraves et de bizarreries qui se remarquent dans toutes les langues.

Ces lettres, au moyen de leurs appendices, qui sont des
signes indicatifs, sont évolutives, c'est-à-dire, elles peuvent
prendre divers aspects qui en changent la dénomination et
la valeur. Susceptibles de pouvoir sonner ou de devenir
muettes à volonté, elles indiquent leur rôle, leur emploi,
dans les mots qu'elles réduisent à leur plus simple expression.

Nous croyons devoir prévenir que l'*Orbidaïe* n'a pas la
prétention de s'élever sur les ruines des divers idiomes du
globe ; ces idiomes, non-seulement elle les respecte, mais
elle vient même leur offrir plusieurs avantages précieux.

Avant de faire connaître la nature, l'emploi et les évolutions des *Orbidales*, qui forment des mots auxquels s'appliquent les règles de la grammaire, sous une orthographe
nouvelle, nous allons mettre devant les yeux un tableau-
alphabet où les lettres *Orbidaïques*, signalées et dénommées
par les anciennes qui en donnent l'intelligence, se trouvent
sous l'influence des quatre points cardinaux, ce qui les rend
propres à résoudre toutes les difficultés grammaticales.

Les *Orbidales* sonnent, lorsque leur appendice est tourné
à *droite ;* elles deviennent muettes, lorsque leur appendice
est tourné à *gauche*.

Les quatre points cardinaux orbidaïques sont représentés par quatre verbes, qui sont : *nordaliser* et *sudaliser*, *estaliser* et *ouestaliser*.

Le premier de ces verbes signifie tourner en haut la partie inférieure d'une *Orbidale* ; le deuxième veut dire renverser une *Orbidale*, faire de sa partie supérieure, son assiette, sa base ; le troisième signifie tourner une *Orbidale* à droite, et la quatrième, la tourner à gauche.

Ces quatre verbes, dérivés des mots *nord* et *sud*, *est* et *ouest*, tracés sur les cartes géographiques pour l'usage que l'on connaît, mettent en évidence tout l'avantage qu'ont les lettres *Orbidaïques* sur les autres ; cela va être démontré par les explications suivantes.

EXPLICATION

DES

LETTRES ORBIDAÏQUES.

ꞇ (ie), dont la partie supérieure représente une tête d'*e*, basée sur une moitié d'*i*, se dessine en ꞙ (i), quand il est sudalisé ou renversé.

ი (e), dont la partie supérieure représente également une tête d'*e*, posée sur les deux tiers d'un *o*, se dessine en o (o), quand il est sudalisé.

꜀   (e), qui a la même valeur, se dessine aussi en
ꜙ (o), quand il est sudalisé.

ꜙ   (e), qui représente une moitié d'*e*, basée sur les
deux tiers d'un *o*, auxquels est attachée une moitié d'*i*, se dessine en ꜙ (ie), lorsqu'il est ouestalisé
ou tourné à gauche. — ꜙ (e), se dessine aussi en
ꜙ (oi), quand il est nordalisé ou tourné en haut.

ꜙ   (ii), qui est surmonté d'un double point, est converti en double *r*, quand il est estalisé. — ꜙ, ꜙ,
ꜙ, ꜙ, ꜙ, ꜙ sont la même lettre dont l'office
devient différent par la présence des points, des
accents, ou par les évolutions qu'elle fait à volonté.
Il faut observer que les quatre premières lettres
peuvent prendre l'aspect des deux dernières, si,
après avoir été d'abord sudalisées, elles sont ensuite estalisées.

ꜙ   (ir), dont la partie supérieure représente une moitié
de *r* pointé, reposant sur un petit *o* muni à gauche
d'un bouton de *r*, se dessine en ꜙ (dr), quand il
est estalisé.

ꜙ   (e), dont le haut est une moitié d'*a* jointe à une
moitié d'*o*, se transforme en ꜙ (o), lorsqu'il est
nordalisé.

ꜙ   (a), se convertit en ꜙ (v), lorsqu'il est nordalisé.

ꜙ   (u), dont la partie supérieure représente une moitié d'*u* assise sur une moitié d'*o*, se dessine en
ꜙ (o), quand il est nordalisé.

꙼ꞁ (u), qui est formé de ꙷ privé du point, et de ꞁ renversé, se décompose en ꞁ ꞁ, lorsqu'il est nordalisé.

ꝅ (ul)', dont ꞁ entre dans un petit *u* assis sur un autre petit *u* renversé, se dessine en ꝡ (u), quand il est sudalisé. Il en est de même de ꝅ (ul) qui est mouillé.

ꝟ (b), qui offre à droite un petit trait appelé *appendice*, devient muet, nul, quand il est oûestalisé, c'est-à-dire tourné à gauche : ꝟ.

ꝱ (bl), qui présente à droite une moitié de ꞁ, dont la base se confond avec celle du ꝟ, n'est jamais autrement qu'on le voit. — ꝱ (br) est dans le même cas.

ꝗ (p), qui présente aussi à droite un appendice, est muet, nul, quand il est ouestalisé : ꝗ. — ꝗ (pl) et ꝗ (pr) restent toujours tels qu'on les voit.

ꝱ (d), dont la partie supérieure montre un ꞁ ouestalisé, présente à droite un appendice; il devient muet, nul, quand il est ouestalisé. Mais l'ouestalisation de la partie inférieure, nommée *jumel*, amène l'estalisation de la partie supérieure, nommée également *jumel*, c'est-à-dire, lorsque le jumel *d* sonne, le jumel *t* est muet, nul, et quand le jumel *t* sonne à son tour, le jumel *d* devient muet, nul.

ꝱ (dr), garde toujours le même aspect.

ɥ   (q), qui a deux appendices, est toujours dans la
même assiette.

ʮ   (quæ), qui est également toujours dans la même assiette, a la prononciation du *qui*, *quæ* (latin.)

ɩ   (k), qui est un *c* au milieu de deux traits qui tiennent lieu d'appendices, est muet, nul, quand il est
ouestalisé : ɩ. — ɗ (cl) et ɪr (cr) doivent toujours
regarder l'est, c'est-à-dire, demeurer estalisés.

ʎ   (f), dont une moitié de *f* découronné repose sur
un v renversé, doit se trouver ouestalisé, lorsqu'il est sudalisé : ʏ (v). Dans cet aspect-ci, le jumel ʏ attend une voyelle pour sonner.

ʃ   (f), devient muet, nul, quand il est ouestalisé : ʅ.
— ʃl, ʃ doivent toujours regarder l'est.

ɡ   (g), dont la partie centrale laisse voir le côté droit
du ɩ, est muet, nul, quand il est ouestalisé : ɡ.
— ɡ (gl) et ɡ (gr) ne changent pas de position.

ʓ   (gk), dont la partie centrale correspond à la ligne,
pour qu'elle puisse sonner comme *k* devant une
voyelle, n'est sujet à aucun changement.

ɋ   (gz), montre la partie supérieure du *g*, dont le côté
droit porte l'extrémité inférieure du ɛ, et le côté
gauche, le joug du *g ;* sa position est invariable.

ʯ   (gn), qui est muni d'un appendice à droite, devient
muet, nul, lorsqu'il est ouestalisé : π; le côté
gauche en est remarquable : c'est une moitié du
haut d'un *g*, unie avec le jambage droit du ʯ.

ħ (ch), ne sonne que devant une voyelle.

ſ (l), est muet, nul, quand il est ouestalisé.

(l), porte deux appendices dont l'un est horizontal,
et l'autre incliné. Il a la valeur du *l* , lorsqu'il est
ouestalisé : ſ ; mais étant estalisé, il a la prononciation d'un *l* mouillé.

ᴅ (l), dont la partie supérieure représente un ſ planté
dans un d̆ (dr) ouestalisé , est muet , nul , lorsqu'il est ouestalisé ; dans ce cas, sa partie inférieure prend la dénomination et la valeur du d̆.

λ (l), dont ſ est supporté par un petit *u* renversé ,
se transforme en *u*, lorsqu'il est sudalisé : γ. Il en
est de même de λ (l), lettre mouillée qui n'est
autre que λ ouestalisé : λ, γ. — ɯ, ɯ, appendicés
au jambage droit, deviennent muets, quand ils
sont ouestalisés.

ɯ (n), dont le jambage gauche porte intérieurement
un bouton de *r* , ne souffre point de changement.

ɯ (rr), offrant deux *r* réunis et liés dans leur partie
inférieure , ne souffre non plus aucun changement.

ɾ (r), formé de la tête d'un *r* et de la partie inférieure d'un *s*, prend la dénomination et la valeur
du *z*, si on l'ouestalise : ɀ.

ɾ (r), est un ɕ désappendicé, dont la partie supérieure porte le bouton d'un *r*; il a la dénomination
et la valeur d'un *s*, quand il est ouestalisé : ɕ.

ʕ (s), est muet, nul, quand il est ouestalisé : ʑ.

ς (s), montrant la partie inférieure du ʕ, unie avec le bas du ι, sonne comme ʕ. Son appendice dé- note qu'il s'ouestalise ou s'estalise à volonté, comme toute orbidale appendicée. Il est encore, comme plusieurs autres orbidales, susceptible d'être à vo- lonté sudalisé ou nordalisé. Toutes les fois qu'il est nordalisé, il sonne comme un ι ou un z, si son appendice regarde l'est : ʑ. Mais quand cet appen- dice est tourné à gauche, il devient muet, nul, re- lativement à sa dénomination de ʕ ou de ʑ : ʑ, ʕ.

ʑ (t), est un ʕ désappendicé ouestalisé, dont le haut est armé de l'appendice du ʈ. Ouestalisé, il a la dénomination et la valeur du ʕ : ʕ.

ʈ (t), porte à gauche un bouton de r, au-dessus duquel paraît une barre en forme de croisillon. Quand cette orbidale est ouestalisée, elle a la dé- nomination et la valeur de tr joints ensemble : ʈ.

ı (t), devient muet, nul, quand il est ouestalisé : ı.

ʋ (v), dont le côté gauche est muni du bouton d'un r, est un v supporté par deux jambages. Lorsqu'il est estalisé, il a le son et la dénomination d'un vr joints ensemble : ʋ. Après cette évolution, si on lui en fait faire une autre, c'est-à-dire si on le su- dalise, il se trouve converti en u dont le jam- bage droit met sous les yeux deux boutons de r : ʋ (ur).

ɟ   (t), formé de la tête d'un *t* et du bas d'un *s* , est
muet, nul, lorsqu'il est ouestalisé : ι.

ɩ   (-t-), est une orbidale euphonique , nommée *til ;*
sa pose ne varie pas.

ɤ   (e), est une orbidale muette, nulle, dont l'*i* appen-
dicé reste toujours ouestalisé. — ɤ (é) ; ɩ, i (i,i) ;
ɣ, ÿ (i,ii) ; ɒ, ɒ (i,a) ; ɩ̇ (ir) ; ɑ (o) ; ʋ (o) ; ɑɪ (u)
ne sont pas sous l'influence des évolutions orbidaïques. — ɤ représente un *e* demi-fermé; — ɣ ou ÿ
est un nouvel *y* grec; — ɒ, avec le point, représente
un *i ;* mais privé du point, il est changé en *a ;*
— ɩ̇ est un *r* pointé; il représente un *i* et un *r* qui
sonnent comme *ir* joints ensemble; — ɑ est un *u*
renfermant un *o* qui , seul , doit sonner ; — ʋ est
un *o* qui n'évolutionne pas ; — ɑɪ a la dénomination
et la valeur d'un *u* dont le jambage gauche est confondu dans le côté droit d'un *a*.

ɩ̇r   (ir), est une moitié d'*i* attachée à un *r* qui peut
s'ouestaliser pour l'annuler , et lui faire perdre en
même temps le point : ʰι.

Les explications qui viennent d'être faites sur les orbidales, font entrevoir l'importance et la portée de ces
lettres nouvelles, susceptibles d'être appliquées à toutes
les langues qui admettent nos caractères. Au premier
abord, ces lettres paraissent difficiles, parce qu'elles sont
jumellisées, c'est-à-dire composées ; mais elles cessent
de le paraître, dès qu'on vient à penser aux lettres qui
en sont les fondements. ɤ (ie), par exemple, dénommé

ie, éveille nécessairement l'idée de *i-e*, dont l'union in-
time donne naissance à l'orbidale ?, dont la partie supérieure, nommée *jumel*, représente la tête d'un *e*, et
la partie inférieure, nommée également *jumel*, représente un *i* qui remplace le bas de l'*e*.

*Il faut maintenant montrer l'emploi et les évolu-
tions des Orbidales dans les différentes espèces
de mots :*

? (ie), dénommé *ie* : — Il figure dans les verbes
terminés à l'infinitif comme *crier* , *payer*, etc. :
ꞮꞬꞮꞡꞮꞬꞮ, ɪɛ ꞬꞬꞬꞬ , *crier*, *je crierai;* ꞬꞬꞬꞬꞬ , *criant ;*
ɪɛ ꞬꞬ, *je crie;* ꞬꞬꞬꞬꞬꞬ, *nous crions ;* ꞬꞬꞬ ꞬꞬꞬ,
ils crient; ꞬꞬꞬ ꞬꞬꞬꞬ, *ils crièrent;* ꞡꞬ ꞬꞬꞬ ꞬꞬꞬꞬꞬꞬ,
que nous criions; ꞡꞬꞬꞬ ꞬꞬꞬꞬ, *qu'il criât ;* ꞬꞬꞬ, ꞬꞬꞬ ,
crié, criée. ꞡꞬꞬꞬ, ɪɛ ꞡꞬꞬꞬꞬ , *payer* , *je paierai.*
?, précédé de l'orbidale a dépointé, doit sonner
comme *aie :* ꞡɛ j'ar, *que j'aie.*

o (e), dénommé *e-o* : — ꞬꞬꞬꞬ, *chœur;* ꞬꞬꞬꞬꞬꞬꞬ, *mouvoir ;* ꞬꞬꞬꞬꞬꞬꞬ, *mouvant ;* ɪɛ ꞬꞬꞬꞬ , *je meus ;*
ꞬꞬꞬꞬ ꞬꞬꞬꞬꞬꞬꞬ, *nous mouvons ;* ꞬꞬꞬ ꞬꞬꞬꞬꞬꞬ , *ils
meuvent ;* ꞡꞬ ɪɛ ꞬꞬꞬꞬꞬꞬ, *que je meuve;* ꞡꞬꞬꞬ ꞬꞬꞬꞬ,
qu'il mût ; ꞬꞬ, ꞬꞬꞬꞬ. Converti en o, il s'emploie
pour exprimer l'interjection : o! *ho !* qui sert à
appeler.

ø (è), dénommé *e-o*, conductif : — VouꞬ ø ꞬꞬꞬꞬ ꞬꞬꞬꞬ
vous liꞬꞬꞬ, *vous et votre frère vous lisez.* Le son
en est adlibitif, c'est-à-dire sourd ou ouvert. Il
exprime les interjections ø ! ø! *eh! oh!* qui marquent la surprise.

ɑı (e), dénommé *e-o-i* : — ıɑınɑ́, jɞ ıɑnɑ́ɑ́, *tenir*, *je tiendrai ;* ıɑınanı , *tenant ;* jɞ ıɑnı , *je tiens :* nous ıɑınons, *nous tenons ;* ɞʎs ıónɞı, *ils tiennent;* qɞ jɞ ıónɞ, *que je tienne ;* q'ɞʎ ıɞnı, *qu'il tînt ;* qɞ j'aı ıɑınu, *que j'aie tenu;* q'ɞʎs aı ıɑınu, *qu'ils aient tenu.* Ainsi s'orbidâlisent les verbes *venir* , *parvenir*, *entretenir*, *contenir*, etc.— ɑı est admis assez heureusement dans *acquérir* et *s'asseoir* , deux verbes difficiles à conjuguer : j'aɪɑrı, *j'acquiers ;* aɪɑ́rır, j'aɪɑırrɑ́ , *acquérir* , *j'acquerrai ;* aɪɑ́ıranı, *acquérant ;* ɞʎs aɪɑ́rɞı , *ils acquièrent.* s'asɑ́r , jɞ m'asıɑ́rɑ́ , *s'asseoir* , *je m'assiérai ;* s'asɑıʃanı, *s'asseyant ;* jɞ m'asıɑ́ðı , *je m'assieds ;* qɞ jɞ m'asɑı, *que je m'asseie ;* qɞ nous nous asɑıʃons, *que nous nous asseyions.* L'orbidale ı, précédée de ɑı, a la prononciation de *aie.*

ɞ (é), dénommé *demi-fermé* : — les, ðes, mes, ıes, ses, ces, *les*, *des*, *mes*, *tes*, *ses*, *ces.*

ÿ (ii), dénommé double *rr-i* : — anvoÿɞı, j'anvorɑ́, *envoyer* , *j'enverrai ;* anvoÿanı , *envoyant ;* j'anvoÿı, *j'envoie ;* nous anvoÿons, *nous envoyons;* nous envoÿÿons , *nous envoyions ;* ɞʎs anvoÿaı, *ils envoyaient ;* q'ɞʎ anvoÿaı, *qu'il envoyât.*

ɪ̈ (i), dénommé *i-e* : — ıɞsalɞr , *tressaillir;* jɞ ıɞsalɞrɑ́ , *je tressaillerai ;* ɪɞulɞr , jɞ ɪuɞlɞrɑ́, *cueillir* , *je cueillerai.*

ɞ (e) : — lɞ monðɞ iðéal , *le monde idéal.*

ɞ̈ (è) : — fɞıɞ, *fête ;* ɪonɞıɞ, *connaître ;* jɞ ɪonɑ́ıɑ́, *je connaîtrai.* L'orbidale ʋ se change en ä par évolution ; elle rejette l'accent circonflexe, comme on le voit ci-dessus, au futur, parce que l'*Orbidaïe*, qui ne l'admet point dans les modes personnels, le supplée par l'orbidale ʀ (1).

ä (a) : — ɛ̀ʎ a ðʀ la ꝗoðiɾé, *il a de la probité ;* aʋoiɾ, *avoir ;* äȿaɴɪ, *ayant ;* j'ä, *j'ai ;* ɴous aʋoɴs, *nous avons ;* vous aʋɛ̀s, *vous avez ;* ɛ̀ʎs oɴɪ, *ils ont ;* j'ʋɪ, *j'eus ;* j'ä ʋ, *j'ai eu ;* j'aʋɾä, *j'aurai ;* ꝗʀ j'aɪ, *que j'aie ;* ꝗʀ ɴous äȿoɴs *que nous ayons ;* ꝗ'ɛ̀ʎ ʋɪ, *qu'il eût ;* ʋ, ʋɪ, *eu, eue.* ȿaʋoiɾ, jʀ ȿaʋɾä, *savoir, je saurai ;* ȿaðiaɴɪ *sachant ;* jʀ ȿäɪ, *je sais ;* j'ä ȿu, *j'ai su.* L'orbidale a figure dans le verbe *savoir*, parce qu'elle donne la clé du présent de l'indicatif : aʋoiɾ, j'ä, qui est l'a du verbe aʋoiɾ, mais converti en ä par la présence du point.

ʃ (ir), dénommé *ir-dr* : — (Voyez l'orbidale ʘ.)

ə (a), dénommé *a-o* : — Les deux jumels ə et ə servent à désigner le genre féminin : ɪə, ɴɪə, ɪə, ȿə, ɴɪəɴɪəɴ, ʀʀɪijiəɴ, *la, ma, ta, sa, maman, religion ;* vəuȿ ɛ̀ɪɛ̀ȿ ʀuʀʀuɪɛ, *vous êtes heureuse ;* ɴəus ȿoɴɪʀs ʀuʀʀuɪɛs, *nous sommes heureuses.*

ʌ (a), dénommé *a-v* : — ʌʃɛ̀ɴ, j'iɾä, *aller, j'irai :* ʌʃaɴɪ, jʀ väɪ, *allant, je vais ;* ɴous ʌʃoɴs, *nous allons ;* ɛ̀ʎs voɴɪ, *ils vont ;* ꝗʀ j'ʌʃʀ, *que j'aille.* L'orbidale v sert à distinguer le mot *vile, vile,* adjectif, du mot *vile, ville,* substantif. Nous dirons en passant que les lettres orbidaïques procurent

le moyen de faire disparaître les homonymes : *son.*
son, son, orbidalisés, en sont une preuve : son (pronom); son (le son, bruit); sɐn (du son), partie
grossière du blé moulu.

ʋ   (u), dénommé *u-o :* — ɑʋoɩ ʋ, j'ɑʋɐɩ ʋ, *avoir eu,*
j'aurai eu; ɋoʋʋoɩʀ, jɐ ɋoʋʀɑ, *pouvoir, je pourrai;*
ɋoʋʋɑɩ, *pouvant;* jɐ ɋoʋɪ, ou jɐ ɋʋɩɪ , *je peux,*
ou je puis; ɋɐ jɐ ɋʋɩsɐ, *que je puisse;* ɋɐ jɐ ɋʋsɐ,
que je pusse ; ɋ'ɐλ ɑɩ ɋʋ , *qu'il ait pu;* ɋɐ ʋoʋs
ɑɩsoʋs ɋʋ, *que nous ayons pu.*

ᴎ   (u), dénommé *u-el :* — ᴅᴎ foɛʋ , *du foin ;* ᴅᴎ
pour ᴅɐ ɩ.

ꞗ   (ul), dénommé *ul-u :* — ɑɩoꞗ, ɑɩoᵧs, *aïeul, aïeux.*

ꞗ   (ul), dénommé *ul-u :* — oꞗ , ɩoᵧs, *œil , yeux.*
ᴅ, ꝺ, ꝺ, ɋ, ꝗ, ɋ représentent *b, bl, br, p, pl, pr.*

ᴅ   (d), dénommé *d-t :* — gɑʋᴅɐ sɩꞓɛ , *grande cité;*
gɑʋᴅ oɱɐ , *grand homme ;* ɐλ ʀɛɋoʋᴅ ᴅɩɛʋ ,
il répond bien ; ɐλ ʀɛɋoʋᴅ ɑ ɩɑ ꞓɑɪɪɩoʋ, *il répond*
à la question : lorsque le jumel *d* sonne , le jumel *t* devient muet , et lorsque le jumel *t* sonne,
le jumel *d* devient aussi muet ; ce qui est prouvé
par les exemples ci-dessus.

ᵧ   (quæ), dénommé *quæ :* — ɋʋɩ, ɋʋo , *qui, quæ ;*
cette orbidale est mouillée.

ɩ   (k), dénommé *k :* — ɩɐʋʀ , *cœur ;* ɋʋᴅɩꞓ, *public ;*
cɐλʋɩ ɩɩ, *celui qui ;* cɐᵧs ɩɐ , *ceux que ;* cɑλc ɩɩ ,
celle qui. Quand le ɩ est ouestalisé, comme dans
ɩɑᴅɑɩ, ɱɩɩ, *tabac, cric,* il est muet, nul.

ɟ (f), dénommé *f-v* : — ɷⱥɤ, ɷⱥɤɐ, *bref, brève* ;
vɪɤ, vɪɤɐ, *vif, vive* ; nɐuɤ anʏ, *neuf ans*. — ſ, ſl, ſ
s'emploient comme *f, fl, fr.*

ɡ (g), dénommé *g* : — ɡajɐ, *gage* ; ɡnomonɪɤɐ, *gno-
monique* ; ɷourɡ, *bourg*. Dans ce dernier mot, il
est muet, étant ouestalisé.

ɥ (ᵷ), dénommé *demi-k* : — ʏanɡ unⱨⱨn, *sang humain*.

ɡ. (gz), dénommé *g-z* : — ⱥɡamɪn, *examen;* ⱥɡanɷɐ,
exemple; ⱥɡaɹɪ, *exact*. Le mot ⱥɡamɪn se termine
par *in*, au lieu de ɐn, parce qu'il a pour dérivé
ⱥɡamɪⱨɐɹ, *examiner.*

n (gn), dénommé *gn* : — vɪⱨoɷɐ, *vignoble* ; ɪnɷɪnɐ,
indigne; nous ɟanons, *nous plaignons*. — ɑ, l
s'emploient comme *ch*, *l*. Le dernier s'ouestalise
ou s'estalise à volonté. l, estalisé, est mouillé :
famɪlɐ, *famille*; lə vɐrⱨɑ ɷɪlɐ ɷanɹ l'aɷvɐrⱨɪⱨé,
la vertu brille dans l'adversité.

ꝟ (l), dénommé *l-dr* : — faⱡɷoɪⱨ, ɐⱡ fayɷa, *falloir,
il faudra*; ɐⱡ fayⱨ, *il faut* ; ɡ'ɐⱡ faⱡɐ, *qu'il faille*;
ɡ'ɐⱡ faⱡuⱨ, *qu'il fallût;* faⱡu, *fallu.*

ⱡ (l), dénommé *l-u* : — anɪmaⱡ, anɪmaɥʏ, *animal,
animaux*; ʏɪⱥⱡ, ʏɪɐɥʏ, *ciel, cieux.*

ⱡ (l), dénommé *l-u* : — ⱨavaⱡ, ⱨavaɥʏ, *travail,
travaux*. — nⱨ, n s'emploient comme *m*, *n* ;
mais ils s'ouestalisent ou s'estalisent à volonté.

ꞑ　(n), dénommé *n* : — Il s'emploie pour former le muettisant aɴ, pronom : j'aɴ ꞅarꞁerꞜ, *j'en parlerai.* ꞅꞅ représente un double *r* : ꞅeꞅꞅe, *guerre ;* ꞁoɴꞅꞜꞅꞜ , *tonnerre.*

ꞅ　(r), dénommé *r-z* : — ꞅarꞁeuꞅ, ꞅarꞁeuꞜe, *parleur, parleuse ;* ꞁoɴꞅꞜuꞅ , ꞁoɴꞅꞜuꞜe, *trompeur , trompeuse.*

ꞅ　(r), dénommé *r-s* : — aꞁꞜꞅuꞅ, aꞁꞅꞜꞜe, *acteur, actrice.* ꞁ s'emploie comme *tr ;* mais, ouestalisé, il a la prononciation et la valeur du *t.*

Ꞝ　(v), dénommé *v-vr* : — ꞅꞜꞅoꞁꞜoꞜ, je ꞅꞜꞅoꞁꞜꞜ , *recevoir, je recevrai ;* ꞅꞜꞅoꞁꞜanꞁ , *recevant ;* je ꞅꞜꞅoꞜꞜ , *je reçois ;* ɴous ꞅꞜꞅoꞁꞜoɴs , *nous recevons ;* eꞿꞅ ꞅꞜꞅoꞜꞜeꞁ, *ils reçoivent ;* ꞅꞜꞅu , ꞅꞜꞅuꞅ , *reçu, reçue.*

ꞩ　(t), dénommé *t-z* : — eꞿꞅ ꞜꞑꞜeꞁ, *ils aiment,* eꞿeꞩ dꞜꞜꞜꞜꞜꞜꞁ leurs ꞅaꞅaɴꞁs , *elles chérissaient leurs parents ;* eꞿꞅ voꞁꞩ à Paris, *ils vont à Paris.* Il s'ouestalise et s'estalise à volonté. Il doit être estalisé, quand le mot qui suit commence par une voyelle. Cette règle s'applique à toutes les orbidales appendicées.

ꞁ　(-t-), dénommé *til* : — aꞁeꞿ ꞁu ꞁ'ouꞜrajɴ nouvaꞬ ? *a-t-il lu l'ouvrage nouveau ?*

Ꞝ　(e), dénommé *muet* : — vuꞜ , *vue ;* joiꞜ , *joie ;* j'aꞑꞿoiꞜ , *j'emploie.* Il sert à désigner le féminin dans plusieurs espèces de mots. L'orbidale i, qu'il

ne faut pas confondre avec l'*i* ordinaire, désigne
le féminin : la fin , la nuit.

ı   (i), dénommé *i dépointé* : — anбısıon, *ambition ;*
     ɋɾɛ́sıɛus, *précieux :* on l'emploie , ainsi que ɟ ,
     pour distinguer les syllabes qui ne sont pas réputées
     diphthongues.

ɣ,ɣ   (i,ii), dénommé *nouvel y grec* : — anɗoɣ́ɛ́ɾ, j'an-
     ɗoɣɛɾä, *employer* , *j'emploierai ;* anɗoïam , *em-*
     ployant ; j'anɗoïɾ ; j'emploie ; il ɣ a , *il y a.*

ɩ   (i) , dénommé *i-a :* — Il désigne le féminin et
     s'emploie pour former les muettisants ɒɪɪ, ɒm :
     mɒɪɪ , fɒɪɪ , *main, faim.* Converti en *a,* il est
     muet, nul ; il a son emploi dans le français orbi-
     dalisé : le moiɾ d'ɒoûı, ɪɒoɪɪ fädɾ.

ıı   (o), dénommé *u-o :* — maxiɪɪɑɪɪı, deuɪɪı , *maxi-*
     mum, Deum ; sɑɪɪı, *sunt.*

ꙩ   (o), dénommé *o muet :* — Il figure seulement
     dans le français orbidalisé : paɒɪɪ, faɒɪɪ.

aı   (u), dénommé *a-u :* — ɟɯ, vɛɾɪaı, *glu, vertu.*
     Il marque le féminin.

ɾ   (ir), dénommé *ir :* — ɟläɾ, *plaisir ;* émɒuɪɪoɾ ,
     émouvoir ; ɪɪoɪɾ ɒɛvoɾ, *notre devoir ;* vɾɪgule, *vir-*
     gule. On ne doit pas adjoindre une voyelle à cette
     orbidale : lɾɒ, ɒɾɒ, *lire, dire,* serait une faute.

ɪɾ   (ir), dénommé *petit ir :* — aſɛ́ɾ, j'ɾä , *aller,*
     j'irai. Il évolutionne à volonté. — ɕ, ı s'emploient
     comme *s, t.*

ꙅ   (s), dénommé *s-z* : — honɪɐus, honɪɐuꙅɐ, *honteux,*
honteuse ; ծɐuꙅ, ծɐuꙅièmɪɐ, *deux , deuxième ;*
jaſouꙅ , jaſouꙅɐ,. *jaloux, jalouse.*

ꙅ   (t), dénommé *t-s* : — ɐ̀ɪɾɐ, *être ;* ɐ́ɪɑnɪ , *étant;*
je ꙅuiꙅ, *je suis;* ɪu ɑ̀ꙅ, *tu es ;* ɐ̀ʎ ɑ̀ꙅ, *il est ;*
ɪɪous ꙅoɪɪɐꙅ, *nous sommes ;* ɪɪous fumɪɐs , *nous*
fûmes ; ꙅoẏoɪɪs, *soyons;* ꙏ'ɐ̀ʎ uꙅ ɐ̀ɪɐ́ , *qu'il eût été.*
— c, ꙅ, i, ḃ, ṓ, o, ɹu , servent à désigner le
genre féminin.

Les lettres *e, i, y, a, o, u, c, h, j, l, q, r, s, v, x*
sont employées dans les mots orbidaïques. *Ou* s'emploie
comme pronom. Les lettres *y, c* figurent dans les
pronoms : j'ẏ ꙏaɪɪsɑ̀ꙅ, *j'y pensais ;* je ſɐ ɪoɪɪɑ̀ꙅ,
je le connais; cɐʎui, cɐ, cɑ̀ɪɐ, c'ɑ̀ꙅ ɾouꙅ , *celui, ce,*
cette, c'est vous. *Il,* nominatif des verbes unipersonnels, fait ressortir les expressions vagues : *il* ɑ̀ꙅ ծaɣ,
il ɑ̀ꙅ ꙅajɐ, *il* ɑ̀ꙅ ꙏuծanɪ ծɐ..... *il est beau , il est*
sage, il est prudent de.....
La lettre *x,* qui est exclue de la fin des mots , remplace *c, t* : axiɘɪɪ, *action,* ꙏoɪɑ̀xiɘɪɪ, *protection.*
Le son ɑ̀ est adlibitif, c'est-à-dire plus ou moins ouvert, c'est le goût qui en décide.
Les consonnes orbidaïques ne doivent pas s'employer
doubles; le *r,* dans quelques mots , fait exception à
cette règle. ɪɪ, ɪɪ, précédés d'une voyelle, ont leur appendice tourné à gauche, quand la prononciation demande qu'ils soient doubles : aɪɪoծir, anuꙅẏɐ́ɪ, *ennoblir,*
ennuyer , se prononcent comme s'il y avait aɪɪɪɪoծir ,
aɪɪɪɪuꙅẏɐ́ɪ; il en est de même des mots oɪɪɐ, ծonɐ; ꙅomɐ,
homme, bonne, somme. Les autres consonnes orbidaïques, précédées d'une voyelle, ne suivent pas cette règle.
Vous, employé pour *tu,* et *nous* pour *moi,* se terminent par l'orbidale ꙅ, ainsi que le verbe dont ils sont
le nominatif : ɾouꙅ ɐ̀ɪouꙅ ſɐ mɑ̀ſɐur ծɐs ꙏaɾanɪs, *vous*

10

êtes le meilleur des parents ; ΠΟΙ ϳΟΠΟϳ ϲΠϧΕΠϳ ϑ'ϧϲϲϧ ϧϲϢϧ ϲ ΠΟΤϧ ϛϫϞϧ, *nous sommes heureux d'être utiles à notre pays.*

La lettre *s*, à la fin d'un mot, a la prononciation du *z*, lorsqu'on la fait sonner avec la voyelle qui commence le mot suivant. L'orbidale ϛ se trouve dans le même cas.

On a dû remarquer que toute orbidale dont l'appendice est tourné à droite doit sonner suivant sa nature, lors même que le mot qui suit commence par une consonne; ainsi il faut avoir soin d'ouestaliser la lettre finale que l'on veut rendre muette, nulle; exemple : ϑϫϲ-ΠϧϢϫ, *dix neuf*, se prononce ϑϫϲ-ΠϧϢϫϧ, *dize-neufe*, parce que les orbidales ϫ et ϫ ont chacune leur appendice tourné à l'est ou à droite.

Les muettisants orbidaïques ne sont pas moins remarquables que les orbidales ; la prononciation, comme la composition, en est simple et facile ; quelques-uns de ces muettisants désignent le féminin, ce sont : ϐϢ, ϐΠ, *aim, ain;* ϧΠ, ϧϢ, *an, ϼϢ,* déjà mentionnés, et aϢ, auxquels il faut ajouter *eu :* ϛϧϢϲ, *sœur;* aΠϧϢϢ, *enfant,* (petite fille); aϢϲϧϢϲ, *auteur,* féminin, se dit d'une femme qui compose des ouvrages. Tous les noms qui n'ont qu'un genre en peuvent prendre un second à l'aide des lettres orbidaïques ; c'est encore là un avantage qu'aucune langue n'a possédé jusqu'à cette heure. Au sujet des lettres qui sont pour le féminin, il faut remarquer que ces lettres se montrent ordinairement dans la dernière syllabe d'un mot, si ce mot a plusieurs syllabes.

Muettisants orbidaïques accompagnés des muettisants français.

ϧϢ, ϧϢ, ϧϢ, ϧϢ, ϧΠ, ϐϢ, ϐΠ, ϧϲ, ϫϲ, aϓ,
eu, eu, ou, aim, ain, aim, ain, ain, ain, au,

aϓ, aϓ, aaϢ, aϢ, ϧϫ, ϧΠ aΠ, ϧΠ, ϧΠ.
au, cau, eau, au, oi, an, en, on, on.

L'*Orbidaïe*, qui fait usage de plusieurs lettres françaises, s'accommode aussi de plusieurs muettisants français, qui sont : *eu*, *in*, *oi*, *au*, *an*, *ou*, *om*, *on*, *un*.

Les exemples suivants sont propres à faire comprendre les muettisants orbidaïques : ɼɐuɀ, *creux* (nom) ; ɼɐus, *creux* (adjectif) ; ɐʎ vouɪ, *il veut* ; ɐʎ ɋouʋáɪ, *il pouvait* ; áʎes fiʃɐɪ ɷɐ l'éɪɐɪm, *elles filent de l'étaim* ; éɪɐn, *étain* ; ɐʎs mouruɼɐɪ ɷɐ fɷm, *ils moururent de faim* ; mɷn ɷɐ ɋaɋiéɪ, *main de papier* ; ɐʎ mɐɪ, *il craint* ; ɷɪɐvaɤs, *chevaux* ; ɼavaɤs, *travaux* ; ɷɐ l'aaɪ ʃɐmɋiɷɐ, *de l'eau limpide* ; sʌu, *sceau* ; nouvaɤ, *nouveau* ; ʃɷi, *loi* ; ɪɷi, *toi* ; cáɪɐ anfɐnɪ a ɷauɼouɋ ɷɐ mɐ́mɷire, *cette enfant a beaucoup de mémoire* ; ɼ'aɪɪ ɋansɐ́ɀ-vouɀ ? *qu'en pensez-vous ?* lɐ sɐn ɷɐ cɐɪ ɐnsɪɪ-manɪ áɀ armoɪɪiɐus, *le son de cet instrument est harmonieux* ; lɐ ɋoɐ́nɪ ɷɐ lɷ ɷifiɼuʃié, *le point de la difficulté*.

Plusieurs des muettisants orbidaïques sont évolutifs et indicatifs comme les orbidales ; ils avertissent que la syllabe ou le mot où ils figurent ne s'écrit pas toujours de même ; par exemple : ou indique par la première orbidale qu'il peut être changé en ɐu ; ɐɪɪ, iɪɪ indiquent par la seconde orbidale qu'ils se convertissent en áɪɪ, iɪɪ : ɪráɪɪons dieu, *craignons Dieu* ; maʃiɪɪe, *maligne* ; aɤ indique, également par la seconde orbidale, qu'il se décompose en aʎ : ɷɪɐvaʎ, *cheval* ; a ʎ'omɐ ɷɐ ɷien, *à l'homme de bien*. Ces exemples démontrent que les orbidales l'emportent de beaucoup sur les lettres ordinaires, dont l'aspect ne dit rien à l'œil. En effet, la physionomie de ces mots français *cheval*, *travail*, vous laisse dans une complète ignorance sous le rapport de leur pluriel. Les lettres orbidaïques, au contraire, vous mettent sur la voie, réunissent tout ce qu'il faut pour vous enseigner, en quelque façon, à les employer, à les faire évolutionner. Les deux mots *cheval* et *travail*, orbidalisés, ont chacun une lettre qui vous avertit qu'ils font leur pluriel en *aux* : ɷɪɐvaʎ, ɼavaʎ, *cheval*, *travail* ; ɷɪɐvaɤs, ɼavaɤs, *chevaux*, *travaux*. La composition du mot *fatal* me prouve qu'il s'écrit d'une manière invariable : fatal.

Pour faire voir combien les orbidales sont préférables aux lettres ordinaires, sous tous les rapports, il est nécessaire de comparer l'alphabet ancien et l'alphabet orbidaïque, qui est un répertoire de résolvants, c'est-à-dire de lettres propres à résoudre toutes les difficultés linguistiques ou de langage.

L'alphabet ancien comprend vingt-quatre lettres, dont les combinaisons demandent plusieurs années d'étude pour être un peu comprises, et vont même jusqu'à forcer l'érudit à s'assurer s'il ne.... quand il met la plume à la main. Chacune de ces vingt-quatre lettres paraît être, au premier abord, la chose la plus simple, la plus naturelle ; mais si l'on vient à en examiner la valeur et l'emploi, dans les différentes espèces de mots, oh ! alors, on appréhende, avec raison, de confier à sa mémoire des combinaisons qui semblent avoir été imaginées pour désespérer l'esprit humain. Au contraire, les orbidales sont des résolvants qui tendent à dédifficulter, à perfectionner tout ce qui est susceptible de l'être en fait de langage. On va s'en convaincre.

Comparaison des lettres anciennes et orbidaïques.

Prenons, pour premier exemple, la lettre *a*, dans le verbe *aller*. La première syllabe de ce verbe, représentée par un *a*, n'éveille aucune idée préventive, parce qu'elle appartient à un alphabet dont les lettres ne sont pas destinées à jouer un rôle démonstratif ; mais ʌíе́ʁ, orbidalisé, offre à la vue un ʌ dont la forme éveille l'idée d'un v nordalisé. Cette évolution m'annonce donc que le verbe ʌíе́ʁ s'écrit, au présent de l'indicatif, je väʁ. Ce v m'indique qu'il peut être nordalisé, pour lui faire reprendre sa première forme : ʌ.

La première syllabe du verbe *pouvoir* me tient dans l'embarras, relativement au présent de l'indicatif ; mais ꞇеu̯моï, orbidalisé, m'en tire sur-le-champ : car, en voyant l'ө composer la première syllabe du verbe en question, je suis averti que cette orbidale joue un rôle au présent de l'indicatif, c'est-à-dire que le son ou est changé en ou : je ꝯ0ur, tu ꝯ0ur, ԑʎ ꝯ0ur.

La dernière syllabe de *cueillir* est propre à m'induire en erreur au sujet du futur de ce verbe. Pour en connaître la formation, il faut que ma mémoire me vienne en aide; orbidalisons le verbe, et la difficulté sera levée : ꭲeulėr; l'orbidale ė va se dépouiller, à notre gré, de son point, pour prendre la valeur d'un в, et pour nous montrer que ꭲeulėr, s'écrit au futur, je ꭲeulбудá.

Le verbe *haïr* n'est pas plus heureux en fait d'indications; mais, si je l'orbidalise, j'entrevois l'inflexion du présent de l'indicatif : haïr; la partie supérieure de l'a, m'enseigne qu'elle peut recevoir un point; j'y mets donc un point, et je forme l'inflexion : je hár.

La lettre *l* ne m'offre rien qui puisse me faire prononcer comme il faut le mot où elle se trouve. Est-elle orbidalisée, je sais à quoi m'en tenir à son égard : ʃ; ses deux appendices m'apprennent qu'elle a un double office; j'en conclus que la prononciation en est différente; il arrive de là que ces deux mots : fertiʃe, ὀrile. doivent être prononcés différemment.

La voyelle *e*, suivie du *s*, est tantôt sourde, et tantôt ouverte : quand est-elle sourde ou ouverte? rien ne peut m'en instruire; cet e, dans l'*Orbidaïe*, choisit un rôle non équivoque; sa présence, dans les mots orbidaïques, manifeste le féminin : la diarité àɔ ꭲonꝯaꭲisante.

L'*i* du pronom *lui* me laisse ignorer le genre auquel il appartient. Quand il est orbidalisé, il distingue le genre féminin du genre masculin.

La lettre *i* figure dans les mots français sans les signaler; devenue orbidale, elle n'apparaît point dans une diphthongue.

Il est inutile de pousser plus loin le parallèle des lettres anciennes avec les orbibales. Les premières, dont la configuration ne permet pas de représenter tous les sons, acquièrent de l'importance dans l'*Orbidaïe*, où elles sont admises en petit nombre, pour en former l'alphabet que voici :

c, i, y, a, o, u, c, h, j, l, q, s, v, x, z.

Les lettres e, y, c, h, l, q, s, x, doivent être considérées comme des résolvants. Ces derniers, quoique nombreux, se gravent aisément dans la mémoire, si l'on prend la peine de se rendre familiers les mots orbidaïques, ou les mots orbidalisés, qui diffèrent des premiers en ce qu'ils ne sont pas réduits à leur plus simple expression.

Prenons, au hasard, une orbidale ou résolvant dans le répertoire orbidaïque, par exemple, r; ce résolvant ne figure à la fin de mourr que pour avertir que le futur de ce verbe s'écrit : je mourra, parce que cet r est susceptible d'être dépointé. Le mot ꝺáʎ annonce, par le dernier résolvant, qu'il peut changer sa terminaison áʎ en ay, parce que l'á perd son point à volonté, et que le résolvant ʎ se dessine en y; alors le mot ꝺáʎ se transforme en ꝺay.

Le résolvant e, à la fin du mot qu ꝺante, démontre que cet adjectif est employé au féminin.

Le résolvant a indique par sa forme qu'il peut exprimer les interjections : a! aꝗ! éʃaꝛ! ė!

Le résolvant ꞇ, à la fin de vuiꞇ (huit), annonce qu'il sonne.

Le résolvant ꞩ, à la fin du mot ꝺouꝛ, indique, par son appendice tourné à gauche, qu'il ne doit pas sonner.

Le résolvant ꞩ, du même mot, doit sonner dans cette phrase : èʎ áꞩ ꝺouꞩ ө ꞟoʃi, parce que le résolvant ө est une voyelle. S'il arrive qu'une orbidale finale consonne, suivie d'une voyelle, ait une prononciation trop dure ou désagréable, il faut tourner son appendice à gauche, pour avertir qu'elle est nulle.

Il est suffisamment prouvé que les résolvants laissent peu à désirer; en est-il de même des muettisants orbidaïques? Pour en être convaincu, il suffit de savoir qu'ils sont simples, qu'ils commencent par une seule voyelle, toutes les fois qu'ils sont terminés par une

consonne. Les résolvants, qui entrent dans leur compo-
position, jouent le même rôle que dans les mots ci-dessus , c'est-à-dire, ils démontrent quel est leur office ;
par exemple, le muettisant ên, à la fin du mot serïên.
me dit que les résolvants ê, n, peuvent se changer en
ân; par le moyen de cette évolution, le résolvant n, accompagné du résolvant e, exprimera l'adjectif serïâne,
au féminin ; le muettisant in, dans le mot vin. demande
que le résolvant n ait son appendice tourné à droite
dans le dérivé vinêus ; de plus, il annonce que le premier résolvant doit être un i, parce qu'il entre dans un
mot qui a un dérivé. Il en est de même de bênin, qui
fait au féminin, bênine. Le muettisant an est un conductif : êλ voïaje an Italie.

Les explications qu'on vient de faire vont être suivies
de mots français destinés à faire ressortir l'utilité et
l'importance des orbidales ou résolvants.

Mots français orbidalisés sous une orthographe nouvelle.

Eux, il a eu, eÿs, êλ a υ ; *amer, aimer,* amur, âmê'ı;
approuver, apercevoir , aτouvê'ı, aτurseınoï ; *emme-*
ner, indemniser, anınenê'ı, ênðamnizê'ı ; *il envoie,*
il voit , êλ anvoïs, êλ voïı ; *ainsi , insinuant,* ênsi ,
ênsinuanı ; *ignorant , stagnant,* inoranı, sıagnanı ;
aiguille , anguille, âguile , angile ; *aiguë, langue* .
âguº, lange ; *exemple, axe,* âg̣anḍu, aхυ ; *uniforme.*
humain, uniformu, umïên ; *appréhension, préséance,*
aτüansıən, τéséanse ; *ambition, compassion,* anbisıən,
ıonτasıən ; *oximel, occident* , oximâl , oхiðanı ; *affec-*
tion, complexion, afâxıən, ıonðâxıən ; *œuf, distinctif,*
œuf, ðisıênιıƙ ; *il est, à l'est,* êλ äs, a l'äsı ; *complet,*
il comblait, ıonḍâı, êλ ıonḍâı; *gêne, jeton,* jène, jⴎıon:

ça, canon, ca, ɾaɳoɳ ; *tu es, tu causes*, ɾu ɕɩ, ɾu ɾauɩɒɿ;
vous estimez, vous haïssez, vouɿ àɿɾiɱɛɿ, vouɿ haɿɿɛɿ ;
désunir, présupposer , ɕɛɿuɳir, ɋɛɿuɋoɿɛɿ ; *conduire,*
second, ɾoɳɕuirɒ , ɿɒgoɳɕ ; *femme, dilemme*, ɿamɒ ,
ɕiɿàmɒ ; *camail , travail*, ɾamal, ɾavaⱡ ; *le onze du*
mois , oui , ɿɒ hoɳɿɒ ɕu moiɿ , vouɿ ; *le fils , les fils ,*
ɿɒ fiⱡɿ, ɿɒɿ fiⱡɿ ; *les moules, les plantes* , ɿɒɿ mouⱡɒɿ ,
ɿɒɿ ɕɿaɳɾɒɿ ; *je conte, je compte*, ɿɒ ɾoɳɾɒ , ɿɒ ɾoɳɾɒ ;
compter (nombrer) , ɾoɳɾɛɿ ; *monsieur*, *messieurs* ,
moɿiɒuɿ, mɛɿiɒuⱡɿ ; *science, je tiens*, ɿiaɳɿɒ, ɿɒ ɾioɳɿ ;
céder, séduire, ɿɛɕɛɿ, ɿɛɕuirɒ ; *famille, ville*, ɿamiⱡɒ,
viⱡɒ ; *horizon, poison*, oriɿoɳ , ɋoiɿoɳ; *disciple , dis-*
siper , ɕiɿiɕⱡɒ , ɕiɿiɋɛɿ ; *dix, perdrix*, ɕiɿ , ɋɒrɕriɿ ;
la mémoire, des mémoires, ɿɒ mɛmoirɒ, ɕɒɿ mɛmoirɒɿ;
mémoire (écrit), mɛmɒirɒ ; *point* (négation), ɋoɛɳɾ ;
point (nom), ɋoɛɳɾ; *pas* (négat.), ɋaɿ ; *pas* (nom), ɋaɿ;
la foudre, un foudre de guerre, ɿɒ ɿouɕrɒ, uɳ ɿouɕrɒ
ɕɒ gɒɾrɒ ; *foudre* (grand vaisseau), ɿouɕrɒ ; *l'étoile du*
matin , ɿ'ɛɾoiɿɒ ɕɥ maɾiɳ ; *excellent, excentrique ,*
àxɒɿaɳɾ , àxɿaɳɾiɾɒ.

Les divers exemples que l'on vient de lire prouvent
qu'il ne fallait rien moins que les orbidales pour résoudre et faire toucher au doigt les difficultés relatives à la
prononciation et à l'orthographe. Ces exemples, et tout
ce qu'on a vu dans le cours des explications, démontrent que les résolvants réunissent un double avantage :
le premier, c'est de procurer les moyens d'ôter à l'instruction ce qui la rend épineuse et rebutante ; le second,
c'est de suggérer à tous les peuples l'idée d'employer
les orbidales pour se donner une langue spéciale, qui
soit connue et parlée dans le monde entier.

La langue française, déjà si répandue, est très propre par cette raison à devenir cette langue spéciale,

dès que les mots en seront écrits sous une orthographe nouvelle. Revenons au premier avantage pour ce qui concerne l'instruction.

Nous sommes persuadé que les maîtres intelligents et zélés s'empresseront d'employer les résolvants pour rendre l'étude de la grammaire facile et attrayante. Aussi trouveront-ils dans les résolvants l'occasion de provoquer l'émulation de leurs élèves et, par conséquent, de hâter leurs progrès, de leur donner la satisfaction de résoudre eux-mêmes les difficultés grammaticales, chose qui flattera leur amour-propre.

Si, par hasard, ils veulent s'assurer si un élève est capable de conjuguer un verbe difficile, ou d'écrire un mot dont la terminaison varie, ils lui ordonneront de signaler dans le *Répertoire Orbidaïque* ou de nommer les résolvants qu'il juge propres à un verbe ou à un mot désigné d'avance. Le verbe *venir*, par exemple, n'offre en français aucune lettre qui le puisse faire conjuguer comme il faut; cette considération oblige donc de demander à un enfant qui connaît les orbidales, s'il saurait appliquer à ce verbe celles qui lui conviennent, tant pour le présent de l'indicatif que pour le futur du même mode; l'enfant devra répondre que ce sont les résolvants o̥ et ꙗ. Effectivement, par le moyen de l'orbidale o̥, ouestalisé en io, on peut dire je viən, ce qui indique qu'en français on doit écrire *je viens;* de même, à l'aide de l'orbidale ꙗ, estalisé en ꙗ, on peut dire je viənꙗꙗ; cette seconde syllabe, du verbe orbidalisé, enseigne que l'on doit écrire le verbe *venir*, au futur, je *viendrai.* La difficulté du verbe *venir*, résolue par l'enfant, met en évidence que des élèves exercés en même temps et sur l'Orbidaïe et sur la grammaire française, feront des progrès plus rapides que ceux qui suivent les méthodes ordinaires.

L'*Orbidaïe* commence par une *Grammaire* mise à la portée de l'enfance, dont elle ne perd jamais de vue ni le cœur ni l'esprit. Cette grammaire est suivie d'un *Abrégé de Géographie*, ou nomenclature de tout ce qu'il y a de plus remarquable dans les cinq parties du monde. L'abrégé de géographie renferme tout ce qui est nécessaire pour servir de base à un enseignement plus complet. Les détails géographiques de tout genre en sont écartés, afin que la géographie proprement dite puisse être facilement comprise par les enfants, qui pourront montrer sur la carte le sujet de leur leçon, sans s'embarrasser d'autres objets. Le même abrégé présente un autre avantage : c'est que tout ce qu'il comprend est réuni dans un cadre étroit, où l'on peut trouver, presque sur-le-champ, ce qui a trait à cette nomenclature géographique.

La *Numération*, qui vient après l'abrégé de géographie, comprenant les quatre règles, ne laisse rien à désirer ; ce qui suit ne laisse pas que d'être utile ; le *Système métrique* nous paraît propre à faire goûter l'uniformité des poids et mesures, dont l'adoption par les nations étrangères serait avantageuse à la politique et au commerce.

Nous venons d'appeler l'attention sur les différentes parties qui composent l'Orbidaïc ; on devine que nous les avons réunies dans l'intérêt de l'instruction. Personne, sans doute, ne niera l'utilité qu'en peuvent retirer les parents, les maîtres et les élèves.

On s'étonnera peut-être que nous employions des termes néologiques ; mais ces termes nouveaux expliquent la raison des choses d'une manière satisfaisante. Par exemple, le mot *proadjectif* est la clé du participe sur lequel on a écrit des volumes. Le mot *conductif*, qui remplace ce qu'on appelle *préposition* et *conjonction*, exprime parfaitement l'adjonction des idées ; de plus, il fait entendre que toute idée qui s'offre d'abord à l'esprit, devient par là susceptible de réveiller une autre idée ou plutôt de conduire à une autre idée. Le mot *conductivé*, dérivé de conductif, représente ce que l'on nomme *régime indirect*, qui est une expression vague et vide de sens dans l'esprit des enfants.

La géographie renferme beaucoup de mots difficiles

à prononcer et, par conséquent, à garder dans la mémoire; il serait à propos de les faire orbidaliser aux enfants qui, par cet exercice, se les rendront familiers en s'en faisant un jeu. Dans cette orbidalisation de mots, dont ils ne retrancheraient aucune lettre, ils ouestaliseraient les résolvants qui ne doivent pas sonner; ils distingueraient, par ce moyen, les lettres qui forment les syllabes pures, dégagées de toute lettre étymologique. Qu'ils entreprennent d'orbidaliser, par exemple, le mot *kamtschatka*, ils verront que ce mot renferme trois lettres qui ne sonnent pas, et qu'il doit ainsi s'écrire : kamtchatka. Ce mot, grâce aux résolvants, ne présente plus aucune difficulté sous le rapport de la prononciation. Il faut observer que les résolvants peuvent délivrer les maîtres d'une chose fort désagréable, qui leur donne bien du tourment, nous voulons parler du babil, de la causerie perpétuelle des enfants dans toutes les classes où les maîtres, à cause de la différence des devoirs à corriger, sont forcés de laisser à eux-mêmes plusieurs élèves qui troublent la correction; il en résulte un grave inconvénient, ils perdent leur temps et contractent l'habitude d'être inattentifs. Il est un moyen facile de remédier à cet inconvénient, c'est de leur faire orbidaliser tous les sujets de leurs leçons. Ce sera pour eux un exercice tout à la fois amusant et instructif. Nous laissons aux maîtres le soin de décider si cet exercice doit être fait par tous leurs élèves, afin de tenir plus longtemps leur attention sur les mots qu'ils doivent apprendre par cœur; c'est une chose plus importante que l'on ne pense; l'Orbidaïe, seule, peut faire faire des pas heureux en ce genre, parce que ses résolvants tiennent l'esprit sur le qui-vive, et manifestent la perspicacité de ceux qui savent les employer.

L'Orbidaïe ne se borne pas aux avantages que nous venons de faire remarquer, elle vient apporter à chaque idiome plus ou moins de résolvants, dont l'application est indiquée par le génie de la langue que l'on veut orbidaliser.

Les orbidales ou résolvants ſ, p, o, ô, ð, ɪ, ſ,
g, g, ɑ, n, l, ſ, m, ɯ, ɋ, r, ʒ, ʑ, ʒ, ɟ, etc.,
peuvent s'appliquer avec succès aux mots français.

Français orbidalisé.

Le verbe *être*, précédé de *ce*, ne ſe met au pluriel
que lorſqu'il eſt ſuivi d'une troiſième perſonne du
pluriel : ce ſont les vices qui dégradeſ l'homme ; ce
ſont eux qui les rendeſ malheureux.

On dira donc avec le verbe *être* au ſinguliéɪ : c'eſt
le travail eſ l'applicaſion ; c'eſt nous qui.... c'eſt vous
qui.... parce qu'aucun de ces mots, le travail, l'applicaſion, nous, vous, ne forme une troiſième perſonne
du pluriel.

Le verbe, précédé d'un collecſif qui a pour complé-
menſ le conducſif *de* eſ un ſubſtanſif, s'accorde avec
celui des deux mots (collecſif ou ſubſtanſif) qui frappe
le pluſ l'attenſion, auquel on attribuſ principalemenſ
l'acſion ou l'étaſ exprimé par le verbe.

EXEMPLES :

La moitié des paſſagéɪs n'avaiſ paſ la force de s'inquiétéɪ du dangéɪ.   (VOLTAIRE).

Accorð du verbe avec la moitié, attendu que l'acſion,
expriméſ par le verbe, a rapporſ à ce collecſif eſ non
au ſubſtanſif qui ſuiſ : en effet, ce ne ſont paſ les
paſſagéɪs, maiſ la moitié d'entre eux qui n'avaiſ paſ
la force de s'inquiétéɪ du dangéɪ.

Un granð nombre d'oiſeaux faiſaiſ réſonnéɪ ces bocages de leurs doux chanſs.   (FÉNÉLON).

Accord du verbe avec le substantif oiseaux , par la raison que l'action , exprimée par le verbe *faire* , est attribuée à ce substantif, et non au collectif : ce sont les oiseaux et non le nombre qui faisait résonner ces bocages.

La quantité de fourmis était si grande, qu'elle détruisait tous les biens que l'on confiait à la terre.

Accord du verbe avec la quantité , attendu que l'état , exprimé par le verbe *être*, convient à ce collectif et non au substantif qui suit : c'est la quantité qui était grande, et non les fourmis.

Une nuée de barbares désolèrent le pays.

Accord du verbe avec le substantif *barbares* , parce que l'action, exprimée par le verbe *désoler*, est plus en rapport avec ce substantif qu'avec le collectif nuée : en effet, ce sont les barbares qui désolèrent le pays , et non la nuée.

FRANÇAIS TRADUIT

A , DE.

C'est à vous à exprime une idée de tour : *je viens de jouer , c'est à vous* A *jouer.* — *C'est à vous de* éveille une idée de droit, de devoir : *c'est à vous* DE *jouer le premier.*

A , OU.

On emploie *à* entre deux nombres , lorsque le substantif qui suit ces nombres représente une chose susceptible d'être divisée : *trois* A *quatre heures.* — Au lieu de *à* , on emploie *ou* , quand le substantif représente une chose qui n'admet pas de division : *quatre* OU *cinq vaisseaux ; sept* OU *huit personnes.*

COMMENCER.

Commencer à désigne une action qui aura du progrès, de l'accroissement : *cet enfant commença* A *parler.* — *Commencer de* se dit d'une action qui aura de la durée sans amélioration : *il commença* DE *parler à cinq heures et ne finit qu'*A *huit.*

DÉJEUNER , DINER.

Déjeûner, dîner, et leurs analogues, veulent *avec* devant un nom de personne : *déjeûner* AVEC *un ami, dîner* AVEC *sa famille ;* et *de* avant un nom de chose : *déjeûner* DE *café ; dîner* D'*un pâté.*

EN ORBIDAÏQUE.

a, ðe.

c'ǽ a vouʃ a ǽxǫrime une iðéʃ ðe ɹour : je viɘnɹ ðe jouéɹ, c'ǽ a vouʃ a jouéɹ. — c'ǽ a vouɹ ðe évále une iðéʃ ðe ðoiɹ , ðe ðɘvoir : c'ǽ a vouɹ ðe jouéɹ le ǫɘmiéɹ.

a, ou.

on anǫoʏʃ a anɹe ðɘuʃ ɩonðɵs , lorsǫe le ʃuðɹanɹif ɹi ʃuiɹ ces ɩonðɵs reǫéʃanɹɵ une ðioʃe ʃuʃáǫɹiðe ð'ɘɹɹe ðiviʃéʏ : ɹoiɹ a ɹaɹɵ ɵures. — aʏ liɘu ðe a, on anǫoʏʃ ou, ɹanð le ʃuðɹanɹif reǫéʃanɹɵ une ðioʃe ɹi ɩ'aðɩɹáɹ ǫaʃ ðe ðiviʃiɘn : ɹaɹɵ ou ʃɘnɹ váʃaus; ʃɘɹ ou vuiɹ ǫersones.

ɹomanʃéɹ.

ɹomanʃéɹ a ðéʃiɩɵ une axiɘn ɹi avɵa ðu ǫoǧáɹ, ðɵ l'aɩoiʃɘɩɹaɩɹ : cɵɹ anfanɹ ɹomanʃe a ǫarléɹ. — ɹomanʃéɹ ðɵ ʃɵ ðiɹ ð'une axiɘn ɹi avɵa ðɵ la ðuréʃ sanʃ améliorasiɘn : ɵʃ ɹomanʃa ðe ǫarléɹ a ʃɘnɹ ɵures e ɩe finiɹ ǫ'a vuiɹ.

ðéjɵûɩéɹ, ðiɩéɹ.

ðéjɵûɩéɹ, ðiɩéɹ, e lɵurs analoǧɵs, vɵulɵɹ avɵɹ ðɵvanɹ uɩ ɩoɩ ðɵ ǫersoɩe : ðéjɵûɩéɹ avɵɹ uɩ aɩi, ðiɩéɹ avɵɹ ʃɵ faɩile; e ðɵ avaɩɹ uɩ ɩoɩ ðɵ ðioʃe: ðéjɵûɩéɹ ðɵ ɹafé , ðiɩéɹ ð'uɩ ǫǻɹé.

ENVIER, PORTER ENVIE.

On envie les choses, et l'on porte envie aux personnes :
il envie LE *bonheur d'autrui ; le sage ne porte envie* A
personne.

LE (pronom).

Il faut dire : *il a été reçu comme il* LE *méritait ;
elle est plus modeste qu'elle ne* LE *paraît ; ils sont
moins riches qu'ils ne* L'*étaient.*

LE, LA, LES.

Le, la, les, pronoms personnels, accompagnent toujours un verbe : *je* LE *vois, je* LA *connais, reçois*-LES ;
au lieu que *le, la, les,* articles, accompagnent toujours
un substantif : LE *roi,* LA *reine,* LES *princes.*

FAIRE.

Ce verbe donne lieu à plusieurs observations :

1° *Faire* doit être préféré au verbe *être* dans la supputation des nombres : *dix et dix* FONT *vingt*, et non
SONT *vingt.*

2° *Faire* s'emploie pour éviter la répétition d'un verbe
précédent : *je lui ai écrit comme je devais le* FAIRE ;
mais, dans ce cas, il ne veut pas de complément
après lui.

3° *Faire*, suivi d'un infinitif, veut un complément,
quand l'infinitif n'a pas de complément de cette nature :
je LES *ai fait partir ;* et un conductivé quand l'infinitif
a un complément : *je* LEUR *ai fait écrire une lettre.*

4° *Faire*, employé au passif, ne doit pas être suivi

anvέ, qoriέ anvie.

on anvε les dioees, e l'on qorie anvie ays qersones : èλ anvε le βonεur β'autrui ; le saje ne qorie anvie a qersone.

le (qonom).

il faγι βire : èλ a èιέ resu rome èλ le mériιάι ; άλe άs βuι moβά¢ιe q'άλe ne le qarάι ; èλs sonι moènε ridιes q'èλs ne l'èιάι.

λε, λə, λes.

λε, λə, λes, qonoms qersonάls, aronqanει ιou-jourς un verβe : je λε voϊε, je λə ronάε, resoϊε-λes ; aγ lieu qε le, la, les', ariides, aronqanει ιoujourς un suβsιaniif : le roi, la rèιιε, les qènses.

fάre.

ce verβe βone lieu a βueieurs oβservasιons :

1° fάre βοϊι èιre qεfέrέ aγ verβe èιre βanε le suquιasιon βes ronβes : βiς e βiς fonι vèιιι, e non sonι vèιιι.

2° fάre ς'anβoϊς qour éviιέι la réqéιιιon β'un verβe qεsέβanι : je λui ά ériι rome je βevάε le fάre ; mάε, βanε ce ιaς, èλ ne veuι qaε βe ronβέmanι aqάε λui.

3° fάre, suivi β'un ènfiniιif, veuι un ronβέmanι, ιanβ l'ènfiniιif n'a qaε βe ronβέmanι βe cάιe naιure : je λes ά fάι qariir ; e un ronβuriivέ ιanβ l'ènfiniιif a un ronβέmanι : je λεur ά fάι éριire une fάιe.

4° fάre, anβoϊέ aγ qasif, ne βοϊι qas èιre suivi

11

d'un infinitif , comme dans cette phrase : *il a été fait mourir ;* dites : *on l'a fait mourir.*

5° *Ne faire que* marque une action fréquemment répétée : *il ne fait* QUE *sortir ,* c'est-à-dire , il sort à tous moments.

6° *Ne faire que de,* une action qui vient d'avoir lieu : *il ne fait* QUE DE *sortir ,* c'est-à-dire , il n'y a qu'un moment qu'il est sorti.

FIXER.

Fixer signifie arrêter, rendre stable : *fixer un jour ; fixer un inconstant.* Jamais il n'a le sens de regarder. Ne dites donc pas : *j'ai fixé longtemps cette personne sans pouvoir la reconnaître.*

FLAIRER , FLEURER.

Flairer , sentir par l'odorat : *flairez cette rose. —* *Fleurer ,* répandre une odeur : *cela fleure bon.*

IMAGINER , S'IMAGINER.

Imaginer, créer, inventer : *on ne peut rien* IMAGINER *de plus extraordinaire. — S'imaginer,* croire, se persuader : *il s'imagine être un grand docteur.*

CE (pronom).

Le pronom *ce,* suivi d'un pronom relatif , et placé au commencement de la phrase , doit être répété dans le second membre de la phrase, lorsque celui-ci commence par le verbe *être :* CE *qui importe à l'homme c'est de remplir ses devoirs.*

d'un ènfiniïif, tome dans tàte faze : èλ a été fàt mourr; dites : on λ'a fài mourr.

5° ne fàre qe marte une axion fétamant répé tés : èλ ne fài qe sortir, c'àt-a-dire, èλ sort a touts momants.

6° ne fàre qe de, une axion ti viant d'amoir lieu : èλ ne fài qe de sortir, c'àt-a-dire, èλ n'ï a q'un momant q'èλ às sorti.

fixér.

fixér sinife arrètér, randre stade : fixér un jour, fixér un èntonstant. jamás èλ n'a le sans de regardér. ne dites donc qas : j'à fixé lomanqe càte qersone sanz qoumoir la retonère.

flàrér, fleurér.

flàrér, samir qar l'odorat : flàrèz càte roze. — fleurér, réqandre une odeur : cela fleure don.

imajinér, s'imajinér.

imajinér, tréér, ènvantér : on ne qout rièn imajinér de dus áxtraordinàre. — s'imajinér, troire, se qersuadér : èλ s'imajine être un gand dotteur.

ce (qonom).

le qonom ce, suivi d'un qonom relatit, e tlasé ay tomansemant de la faze, doit être réqété dans le segond mandre de la faze, lorsqe ceλui-ci tomanse qar le verbe être : ce ti ènqorte a l'ome, c'às de randir ses devoirs.

MATINAL, MATINEUX, MATINIER.

Matinal, qui s'est levé matin : *vous êtes bien* MATI-
NAL *aujourd'hui*. — *Matineux*, qui a l'habitude de se
lever matin : *les gens du monde ne sont pas* MATINEUX.
—*Matinier*, qui appartient au matin : *l'étoile* MATINIÈRE.

OUBLIER A, OUBLIER DE.

Oublier *à* lire, *à* écrire, c'est en perdre l'habitude,
la faculté ; oublier *de* lire, *d'écrire*, c'est y manquer par
défaut de mémoire : *si chaque jour vous oubliez* DE
lire, *vous finirez par oublier* A *lire*.

PLAINDRE.

Se plaindre de ce que suppose un sujet de plainte :
il a raison de se plaindre de ce que vous l'avez trompé.
— *Se plaindre que* ne suppose pas lieu à la plainte : *il
a tort de se plaindre que vous l'avez trompé.*

PLIER, PLOYER.

Plier, mettre en plusieurs doubles : *plier du linge,
plier une lettre*. — *Ployer*, courber, faire fléchir :
ployer une branche d'arbre.

PLUS D'UN.

Plus d'un veut le verbe qui suit au singulier : *plus
d'un poète a traité ce sujet ;* à moins que ce verbe
n'exprime une idée de réciprocité : *plus d'un fripon se
dupent l'un l'autre*, c'est-à-dire, se dupent réciproque-
ment ; ce qui indique qu'il y a pluralité dans l'idée.

matinal, matineus, matiniér.

matinal, ti s'ás levé matin : vous êtes ðièn mati-nal aujourðui. — matineus, ti a l'aðituðe ðe se levér matin : les jans ðɥ monðe ne sont ɣar matineus. — matiniér, ti aɣartent ay matin : l'étoile matiniáre.

ouðér a, ouðér ðe.

ouðéra lire, a écrire, c'át an ɣerðe l'aðituðe, la faɣulté; ouðéz ðe lire, ð'écrire, c'át y manɣér ɣar ðéfaut ðe mémoire : si chaɣe jour vous ouðéz ðe lire, vouz finiréz ɣar ouðér a lire.

ɣènðre.

se ɣènðre ðe ce qe suɣoze un sujái ðe ɣènɣe : èl a ráson ðe se ɣènðre ðe ce qe vouz l'avéz ronɣé. — se ɣènðre qe ne suɣoze ɣar lieu a la ɣènɣe : èl a tort ðe se ɣènðre qe vouz l'avéz ronɣé.

ɣér, ɣovér.

ɣér, máte an ɣuzieurz ðouðes : ɣér ðu lènje, ɣér une láɣe. — ɣovér, courðér, fáre fléðir : ɣovér une ðandie ð'arðe.

ɣuɣ ð'un.

ɣuɣ ð'un vout le verðe ti suit ay singuliér : ɣuɣ ð'un ɣoáte a fáté ce sujái; a moènz qe ce verðe n'áxɣrime une iðée ðe résiɣrosité : ɣuɣ ð'un fiɣon se ðuɣet l'un l'autre, c'át-a-ðire, se ðuɣet résiɣroɣe-mant; ce ti ènðiɣe q'il y a ɣuralité ðanɣ l'iðée.

RETRANCHER DE, RETRANCHER A.

Retrancher de, c'est ôter quelque chose d'un tout : *retrancher un couplet* D'*une chanson.* — *Retrancher à*, c'est priver quelqu'un de quelque chose : *retrancher le vin* A *un malade.*

SERVIR A RIEN, SERVIR DE RIEN.

Servir à rien marque une nullité momentanée de service : *il a des talents qui ne lui servent* A *rien maintenant.* — *Servir de rien* exprime une nullité absolue de service : *les murmures contre les décrets de la Providence ne servent* DE *rien.*

RÉUNIR, UNIR.

Réunir, signifiant posséder en même temps, veut *et* : *réunir le mérite* ET *la modestie.* — *Unir* veut *à* : *unir le mérite* A *la modestie.*

RIEN.

Rien, ayant le sens de *quelque chose*, s'emploie sans négation : *y a-t-il rien de plus rare qu'un demi-savant modeste ?*

PAR TERRE, A TERRE.

Par terre se dit de ce qui touche à terre, et *à terre*, de ce qui n'y touche pas : *un arbre tombe* PAR *terre*, *et ses fruits tombent* A *terre.*

TOUT.

Ce mot donne lieu à plusieurs observations :

retandiéꞇ de, retandiér a.

retandiéꞇ de , c'át auꞇéꞇ táíce dioꞁe d'un ꞇouꞇ : retandiér un couꝯáꞇ d'une dianson. — retandiér a , c'át ꝯivéꞇ táíc'un de táíce dioꞁe : retandiéꞇ le vin a un malade.

servir a rièn, servir de rièn

servir a rièn marce une nuliꞇé momanꞇanéꞁ de serviꞁe : eí a des ꞇalanꞇs ꝯi ne íui serveꞁ a rièn mènꞇenanꞇ. — servir de rièn áxꝑime une nuliꞇé aðsoluꞁ de serviꞁe : íes murmures conꞇe íes ðéꞇꞇáis de la ꝯovidanꞇe ne serveꞇ de rièn.

réunir, unir.

réunir, siniꝑianꞇ ꝯoꞁéðér an mème ꞇanꝙꞇ, vouꞇ e : réunir íe mériꞇe e la modáꞁꞇiꞁ. — unir vouꞇ a : unir le mériꞇe a la modáꞁꞇiꞁ.

rièn.

rièn , áꞁanꞇ íe ꞁans de táíce dioꞁe, ꞁ'anꝯoꞇꞇ sanꞇ négaꞁꞇen : ꞇ a ꞇil rièn de ꝙuꞇ rare q'un ðemi-savanꞇ modáꞁꞇe?

ꝯar ꞇerre, a ꞇerre.

ꝯar ꞇerre se dit de ce ꞇi ꞇoudie a ꞇerre, e a ꞇerre, de ce ꞇi n'y ꞇoudie ꝯaꞇ : un arꞇꞇe ꞇondé ꝯar ꞇerre, e ses fuiꞇs ꞇondeꞁ a ꞇerre.

ꞇouꞇ.

ce moꞇ done lieu a ꝙuꞁieurs oðservaꞇiens :

1° *Tout*, suivi immédiatement de l'adjectif *autre* et d'un substantif, est adjectif ou adverbe. Il est adjectif et s'accorde quand le sens permet de placer *autre* après le substantif : *donnez-moi toute autre occupation ;* on peut dire : *donnez-moi toute occupation autre.* Dans ce cas, *tout* modifie le substantif. Il est adverbe et reste invariable lorsque le sens ne permet pas de placer *autre* après le substantif : *donnez-moi une tout autre occupation ;* on ne peut pas dire : *donnez-moi une toute occupation autre.* Dans ce cas, *tout* modifie l'adjectif *autre*, et est alors précédé de l'adjectif numéral *une*.

2° *Tout* est adverbe et conséquemment invariable, quand il est suivi immédiatement d'un substantif employé sans déterminatif, et précédé ou non d'un conductif : *cette maison est tout en flammes.* Le substantif, équivalant alors à un adjectif, est modifié par l'adverbe *tout ;* c'est comme s'il y avait : *cette maison est tout enflammée.* C'est d'après cette règle qu'on dit : *cette personne est tout en feu, tout en colère, tout en pleurs ; cette femme est tout yeux, tout oreilles.*

3° Quand *tout* a le sens de *chaque*, l'usage permet d'employer le singulier ou le pluriel : *il vient à tout moment* ou *à tous moments ; en tout lieu* ou *en tous lieux ; en tout genre* ou *en tous genres.*

4° *Tout que* veut l'indicatif : *tout instruit qu'il est*, et non pas *tout instruit qu'il soit.*

UN DE, UN DES.

Après *un de*, *un des*, on met le verbe au singulier ou au pluriel. On emploie le singulier, quand l'action exprimée par le verbe est faite par un seul agent : *c'est*

1° tout, suivi imédiatemant ðe l'adjactif aute o ð'un substantif, à adjactif ou adverbe. è à adjactif e s'acorðe ɔanð le sans ɡermái ðe ɟasér aute aɡáʒ le substantif : ðonéʒ-moi toute aute ocuɡasion ; on ɡeut ðire : ðonéʒ-moi toute ocuɡasion aute. ðanʒ ce ɔaʒ, tout moðifi le substantif. è à adverbe e ráste ènvariaðe lorsque le sans ne ɡermái ɡaʒ ðe ɟasér aute aɡáʒ le substantif : ðonéʒ-moi une tout aute ocuɡasion ; on ne ɡeut ɡaʒ ðire : ðonéʒ-moi une toute ocuɡasion aute. ðanʒ ce ɔaʒ, tout moðifi l'adjactif aute, e à alors ɟéséðé ðe l'adjactif numéral une.

2° tout à adverbe e ɔonsécamant ènvariaðe, ɔanð èl à suivi imédiatemant ð'un substantif anɟoïé sanʒ ðéterminatif, e ɟéséðé ou non ð'un ɔonðuɔtif : cáte máʒon à tout an flames. le substantif, éɔivalant alors a un adjactif, à moðifi ɡar l'adverbe tout ; c'à ɔome s'il y amái : cáte máʒon à tout anflamée. c'à ð'aɡáʒ cáte ráɟe q'on ðit : cáte ɡersone à tout an feu, tout an ɔoláre, tout an ɟeurs ; cáte fame à tout ioʒs, tout oráles.

3° ɔanð tout a le sans ðe diace, l'uʒaje ɡermái ð'anɟoïéʒ le sènguliéʒ ou le ɟuriál : èl viont a tout momant ou a touʒs momants ; an tout liʒu ou an touʒs liʒus ; an tout janre ou an touʒs janres.

4° tout qe vout l'ènðicatif : tout ènʒtuit q'èl à, e non ɡaʒ tout ènʒtuit ɟ'èl soit.

un ðe, un ðes.

aɡáʒ un ðe, un ðes, on mát le verðe ay sènguliéʒ ou ay ɟuriál. on anɟoïʒ le sènguliéʒ, ɔanð l'axion áxɟiméʒ ɡar le verðe à fáte ɡar un seul ajant : c'à

UN DE *mes fils qui m'écrit.* On emploie le pluriel, lorsque
l'action que marque le verbe est faite par plusieurs agents :
l'intempérance est UN DES *vices qui détruisent la santé.*

DU, DES, DE.

On emploie *du, des, de la* avant les substantifs communs employés dans un sens partitif, c'est-à-dire, pour
désigner une partie des personnes ou des choses dont
on parle : *il a* DU *papier*, c'est-à-dire, *quelque papier;*
vous avez DE *la fortune*, c'est-à-dire, *quelque fortune ;*
nous possédons DES *amis*, c'est-à-dire, *quelques amis.*
On emploie simplement *de*, quand le substantif, pris
dans un sens partitif, est précédé d'un adjectif : *elles*
possèdent DE *belles maisons.*

GENS.

Gens veut au féminin tous les correspondants qui
précèdent, et au masculin tous ceux qui suivent : *les*
vieilles gens sont soupçonneux ; toutes les méchantes
gens. Cependant, au lieu de *toutes*, on emploie *tous*,
1° quand cet adjectif est le seul qui précède le substantif *gens : tous les gens qui pensent bien ; tous les gens*
d'esprit; 2° quand *gens* est précédé d'un adjectif qui n'a
qu'une seule et même terminaison pour les deux genres,
comme *aimable, brave, honnête,* etc. : *tous les honnê-*
tes gens ; tous les habiles gens; 3° lorsque *gens* éveille
spécialement l'idée d'*hommes*, ce qui a lieu surtout quand
il est suivi du conductif *de* et d'un substantif formant
avec *gens*, une expression composée, comme dans *gens*
de lettres, gens de robe, etc. : *ce sont de vrais gens de*
lettres ; quels gens de bien !

un ðe mes fils ɹi m'écrit. on anɟoɥ̈ʂ lu ɟurial, lorsqe l'axɩən ɹe marɹe lu verðe àʂ fàɩe ɣar ɟuʑieurs ajanɩs : l'ènɩanɟéranse àɹ un ðes vises ɹi ðéɹuiʑeɹ lə sanɩé.

ðɥ, ðes, ðe.

on anɟoɥ̈ʂ ðɥ, ðes, ðe lə avanɩ les suðsɩanɩifs ɹomuns anɟoɥ̈és ðans un sans ɣarɩiɹiʃ, c'àɹ-a-ðire, ɣour ðéʑinér une ɣarɩiʂ ðes ɣersones ou ðes dioʑes ðonɩ on ɣarle : èλ a ðɥ ɣaɣiéɹ, c'àɹ-a-ðire, ɹàlɹe ɣaɣiéɹ ; vouʂ aʋéʑ ðe lə forɩune, c'àɹ-a-ðire, ɹàlɹe forɩune ; nouʂ ɣoséðons ðes amis, c'àɹ-a-ðire, ɹàlɹes amis. on anɟoɥ̈ʂ sènɟemanɩ ðe, ɹanð lu suðsɩanɩif, ɣɩ ðans un sans ɣarɩiɹiʃ, àʂ ɣéséðé ð'un aðjàɹɩif : àλes ɣosàðeɹ ðe ðàλes màʑons.

jans.

jans vouɩ aɥ féminin ɩous les ɹouɹàsɣonðanɩs ɹi ɣéséðeɹ, e aɥ masɹulin ɩous ɹeɥs ɹi suiveɹ : les viàles jans sonɩ souɣsoneus ; ɩouɩes les méðianɩes jans. seɣanðanɩ, aɥ lieu ðe ɩouɩes, on anɟoɥ̈ʂ ɩous, 1° ɹanð ɹeɩ aðjàɹɩif àʂ le seul ɹi ɣéséðe lu suðsɩanɩif jans : ɩous les jans ɹi ɣanseɹ ðièn ; ɩous les jans ð'àsɣiɩ ; 2° ɹanð jans àʂ ɣéséðé ð'un aðjàɹɩif ɹi n'a q'une seule e mênɩe ɩerminàʑon ɣour les ðeuʑ janɹes, ɹome àmaðe, ðave, onèɩe, etc. : ɩous les onè-ɩes jans ; ɩous les aðiles jans ; 3° lorsqe jans évàle sɣésialemanɩ l'iðéʂ ð'omes, ɹe ɹi a lieu surɩouɩ ɹanð èλ àʂ suivi ðɥ ɹonðuɹɩif ðe e ð'un suðsɩanɩif formanɩ, avàɹ jans, une àxɣresɩən ɹonɣoʑéʂ, ɹome ðanʑ jans ðe làɩes, jans ðe roðe, etc. : ɹe sonɩ ðe ɴàʂ jans ðe làɩes ; ɹàls jans ðe ðièn !

Mots divers.

Je m'en suis allée; tu es soumise ; nous essayons ; qu'il se fût assis ; qu'elle s'assît; nous sommes flattés; vous êtes parties ; Dieu que nous adorons ; vous croyez qu'il viendra ; je souhaite qu'il soit bien reçu ; où va-t-il ? vous ou votre sœur ; ce bétail; le travail; arithmétique ; nous accourrons ; commençons; colimaçon ; colophane ; apathie ; coloquinte; les araignées; frein; faux ; une faux ; toux ; rez-de-chaussée ; chef-d'œuvre ; indicatif; superlatif; actif; imaginatif; les oppresseurs; trompeur; apôtre ; au père; ô mon père ! je conclus ; je conclus hier ; je dis ; je dis hier ; tandis que ; parce que; homme; héraut; ceux; ce ; comment; massacre; l'âme ; je l'appelle ; il veut ; il faut ; il y avait là ; pré-

je m'an suis ałéə; tu ás soumize; nous ásàəons ; q'èł se fut asiz ; q'àłe s'asis ; nous sornes flatés ; vous ètes qartiəs; Dieu xe nous aðorons; vouz mövéz q'èł viənđra ; je souàte q'èł soyı đièn resu ; ou vatiół? vous où vore seur; ce đètal ; le ravał ; aritmètize ; nous axourrons; ronransons ; rolinrason ; rolofane ; aqatiə ; rolorènte; les arànèəz ; fèn; fauz, une fauz; rouz; rèz-đe-đausèz ; đïáł-đ'euve ; ènđiratif; suqerlatif; axtit; inrajinatiz; les oqreseurs; ronqeuz; aqaure; ay qàre; au nron qàre ! je ronduz; je rondus iàr; je điz; ju đis iàr; randis qe ; qarce qe ; ome ; hérau ; ceys; ce ; romanı ; masacre ; l'âme; je ł'aqàłe; èł vout; il fayı; il ý amài-ła ; qé-

cieux ; cieux ; notion ; la nuit ; lien ; effet ; jusqu'à ce que ; je lie, nous lions ; tu liais, nous liions, ils liaient ; nous leur dîmes ; leurs cousins ; le boire, boire ; le devoir, devoir ; je bois, vous buvez, ils ont bu ; le vivre, vivre ; le livre, livrer.

sieus ; sieys ; nosien ; le nuit ; lien ; efai ; jusq'a ce qe ; je li, nous lions ; tu liai, nous lions, ils liai ; nous leur dimes ; leurs cousins ; le doire, daire ; le devoir, demoir ; je dai, vous duvés, ils ont du ; le vivre, vivre ; le livre, livrér.

REMARQUES. La langue *orbidaïque* se distingue par sa syllabéité, par ses genres, qui sont au nombre de trois, par ses lettres abréviatives, indicatives et remémoratives, occupant faiblement la mémoire et l'esprit relativement à l'expression des pensées, ce qui est très avantageux à la logique. *Il*, *le*, ainsi que *ce* ou *c'* suivi du verbe *être* et employé pour éveiller l'idée d'une expression vague, forment le troisième genre ou le neutre, sous l'influence duquel se trouvent beaucoup de mots que fera connaître le *Dictionnaire Orbidaïque*.

an, *masculin*, on, *féminin*, an, *neutre*, représentent des précédents différenciés par les trois genres.

Le mot leur prend le genre d'un précédent dont on a parlé : *je leur déclarai ; leur* pour à eys ; *on leur enjoignit ; leur* pour à âles ; *leur tante*, c'est-à-dire, la *tante* d'eys ; *leurs livres*, c'est-à-dire, les *livres* d'âles ; *leurs parents, leurs* rappelle deux genres, le *masculin* et le *féminin*.

leur, avec un *l* ordinaire, prend le genre du substantif qui suit ; il désigne en même temps la relation du complément au sujet : *ils estiment* leur *maître ; elles craignent* leur *maîtresse.* son, avec un *s* ordinaire, annonce que le substantif auquel il est joint n'a qu'une relation accidentelle avec le sujet : *il sauva la vie à* son *ennemi*, c'est-à-dire, à l'*ennemi* d'une autre personne.

Les orbidales f et ʀ ne s'emploient pas indifféremment; f termine très bien les substantifs, et ʀ les adjectifs. L'orbidale s, qui joue un grand rôle, désigne spécialement la pluralité dans les mots qui n'ont pas de singulier : vèꞇeꞩ, ɗuꞇieuꞧꞩ, moudɦàꞇeꞩ; mais alors, le jumel qui représente le *z* doit toujours être nordalisé.

Les noms de nombre cardinaux admettent, au contraire, cette orbidale dans les quatre divers sens qu'elle est susceptible de prendre. Dans les autres mots où elle est employée, le jumel qui représente le *z* reste toujours sudalisé : mꞷꞩaiꞇe, noпɗꞧeus, noпɗꞧeuꞩe.

Le conductif *q*.... qui ne s'emploie que dans le premier mode, ne doit pas être confondu avec la subjonctive *q*....., employée dans le deuxième et le quatrième mode.

Les mots aпꞬꞧꞧeuꞧ, aпɗaꞩaɗꞧeuꞧ, dɦaꞩeuꞧ dont le féminin est en dehors de la règle commune, paraîtraient plus ou moins entrer dans les voies de la régularité, s'ils étaient ainsi composés : aпꞬꞧꞧꞧꞧreuꞧ, aпɗaꞩaɗꞧꞧeuꞧ, dɦaꞩeꞧꞧeꞧ; car les indicatives ꞇ, s seraient la clef des féminins : èпꞬèꞧaꞇꞧèꞩe, aпɗaꞩaɗꞧèꞩe, dɦaꞩeꞧäꞧe. Ce que nous disons de ces trois mots peut s'appliquer à plusieurs autres mots, attendu que les orbidales deviennent à volonté muettes, nulles.

On a pu remarquer qu'en général chaque orbidale a son emploi, son office spécial, et que leur seule présence dans les mots vaut des explications.

Plusieurs espèces n'ont qu'un genre dans la langue française. L'*Orbidaïe* en admet deux à volonté, ce qui peut être important pour l'histoire naturelle; exemples : *une caille*, en français; une ꞧale (féminin), une ꞧalꞇ (masculin), en orbidaïque; *un renard*, en français; un ꞧeпaꞧɗ (masc.), un ꞧeпaꞧɗ (fém.), en orbidaïque; *chanvre*, en français; dɦaпꞷe (masc.), dɦaпꞷe (fém.), en orbidaïque. On voit qu'au moyen des orbidales, deux genres peuvent devenir distincts sans changer la prononciation.

OBSERVATIONS.

Quelques personnes diront peut-être que les caractères orbidaïques sont difficiles à écrire ; le même reproche peut être adressé aux caractères d'imprimerie. Quand on sera exercé à écrire les *orbidales*, on les écrira presque aussi vite que les lettres ordinaires. Du reste, celles qui sont un peu difficiles à la plume sont en très petit nombre , et peuvent même, au besoin, être représentées par d'autres caractères plus faciles. Cet inconvénient est bien peu de chose à côté des avantages qu'elles présentent sous tant de rapports.

Parmi les nations où elles sont destinées à constituer une *langue universelle* , elles seront un puissant moyen..... sous quel point de vue ? nous nous abstiendrons de le dire ici.

L'utilité que l'on peut retirer des lettres *orbidaïques* va sans doute porter à les contrefaire. Aussi nous croyons devoir faire observer que l'invention des *orbidales* consiste spécialement dans l'évolution de ces lettres nouvelles , et que les contrefaçons ne sauraient demeurer inaperçues : car , dorénavant, faire évolutionner des lettres quelconques, ce serait montrer par là même une flagrante contrefaçon. Mais laissons là les contrefacteurs pour considérer que l'*Orbidaïe* réunit tout ce qu'il faut pour réaliser les conditions d'un langage proportionné à toute intelligence ; elle est et doit être, comme nous l'avons dit , le livre du jeune âge , de l'âge mûr et du savant ; on peut ajouter qu'elle est aussi le livre de tous ceux qui , par leur état , leur position sociale . sont condamnés à savoir peu ; ils y trouveront le moyen de se faire lire et comprendre, quand ils écriront , sachant que , pour atteindre à ce but, il suffit d'employer les muettisants non exceptionnels et les orbidales qui sonnent. Ces diverses considérations nous déterminent à le donner à toutes les nations , en vue de leur être utile et agréable.

Noᴛᴀ. Le mot **MUETTISANT** signifie *rendre muettes* plusieurs lettres pour en former un son de convention.

Le terme **MASFÉNUME** est formé de ces trois mots : *masculinum*, *femineum* (genus) et *numerus*.

Le mot **ADLIBITIF** est aussi formé de *ad libitum*.

Le terme **ORBIDAÏE** se compose de *orbi*, *d*, (do), *a*, *ï*, *e*.

FIN.

ERRATA.

Page 2, ligne 4, au lieu de le *nom*, lisez : le *son*.

— 132, — 21, au lieu de (e), lisez : (a).

— 139, — 15, au lieu de ꙗꙩꙗꙗꙗ, lisez : ꙗꙩꙗꙗ-ꙗꙩꙑ꙯.

Page 140, ligne 15, au lieu de mꙗmꙗn, lisez : mamꙗn.

— 142, — 11, au lieu de ꙗn, lisez : ꙗn.

— 147, — 24, au lieu de diꙗu, lisez : Dieu.

— *idem*, — 57, au lieu de ꙗavaiꙗ, lisez : ꙗavaꙗ.

— 159, — 10, au lieu de ꙗoiꙩ, lisez : ꙗoiꙩ.

— *idem*, — 11, au lieu de ꙗiou, lisez : ꙗiꙗu.

ALPHABET ORBIDAÏQUE.

Orbidales qui sonnent.

ie	ié	iè	i,	c - o,	è - o,	e	oi	ie	iè	ié
é,	é,	i - i,	i - ü,	ü - rr,	i	e	é	è	a	
ei-ai,	i - a,	ir,	ir,	ir - dr,	a - o,	a - v,	o,	u,		
u - o,	u,	ul - u,	ul - u,	b,	bl,	br,	p,	pl,		
pr,	d,	dr,	g,	quæ,	k,	cl,	cr,	f - v,	f,	fl,
fr,	g,	gl,	gr,	gk,	gz,	gn,	ch,	l,	l - l,	l - dr,
l - u,	l - u,	m,	n,	n,	rr,	r - z,	r - s,			
s,	s - z,	t - s,	t - tr,	t,	v	vr	ur,	t - z.		

Orbidales muettes.

e,	a,	o,	b,	p,	d,	k,	f,	g,	gn,	l,
m,	n,	r,	r,	s,	s,	z,	t.